La Bibbia della Ricchezza

Il Protocollo Segreto per Raggiungere la
Ricchezza in 270 Giorni.

Roy Consolino

La Bibbia della Ricchezza

SOMMARIO

INTRODUZIONE

Benvenuto all'interno di questo manuale pratico dove ti insegnerò esattamente le stesse procedure e lo stesso percorso che ho applicato con successo nella mia vita per raggiungere una massiccia stabilità economica…

…passando dall'essere un laureato con impiego part-time da 600 euro al mese, ad un imprenditore di successo, con un fatturato di 350 mila euro l'anno e **utili netti di oltre 226.000 euro!**

Voglio darti subito un consiglio molto importante:

Affronta questa lettura in maniera lineare, senza saltare da una pagina all'altra o da un capitolo ad un altro, altrimenti rischi seriamente di non assimilare correttamente l'enorme mole di preziose informazioni racchiuse in questo testo.

Il manuale che hai in questo momento tra le tue mani "La Bibbia della Ricchezza" è un libro progettato con la formula "Step by Step", ogni singola pagina che leggerai ti permetterà di comprendere al meglio la successiva e così via…

Per iniziare in bellezza e scoprire immediatamente le carte in tavola, ecco qui uno screenshot preso direttamente dal mio conto personale, in cui ti mostro i miei introiti del solo mese di Gennaio 2021 (periodo in cui sto aggiornando questo libro).

Royalty guadagnate (Cos'è?) ⌄

Mercato	Valuta	Royalty dell'eBook	Royalty della versione cartacea	Royalty complessiva
Amazon.com	USD	5.214,79	9.249,71	14.464,50
Amazon.co.uk	GBP	2.022,73	1.118,46	3.141,19
Amazon.de	EUR	648,36	1.214,50	1.862,86
Amazon.fr	EUR	1.216,60	2.162,73	3.379,33
Amazon.es	EUR	1.989,95	3.269,55	5.259,50
Amazon.it	EUR	1.386,68	2.931,71	4.318,39
Amazon.nl	EUR	0,00	0,00	0,00
Amazon.co.jp	JPY	0,00	0,00	0,00
Amazon.in	INR	0,00	0,00	0,00
Amazon.ca	CAD	327,38	439,23	766,61
Amazon.com.br	BRL	41,28	0,00	41,28
Amazon.com.mx	MXN	831,78	0,00	831,78
Amazon.com.au	AUD	289,26	0,00	289,26

Genera report (Cos'è?) ⌄

Come puoi vedere, sommando tutte queste entrate (Euro, Dollari, Sterline, Dollari Canadesi, Real Brasiliani, Dollari Australiani e Pesos Messicani), ho generato in un solo mese ben **31.872 Euro di Fatturato (con 26.425 euro di utili netti).**

Non preoccuparti, più avanti ti spiegherò in dettaglio cos'è esattamente questo screenshot e come sono riuscito a creare un'azienda in grado di prosperare (anche durante la pandemia dovuta al coronavirus), ma adesso lascia che mi presenti.

Il mio nome è Roy Consolino e oltre ad essere un "trentenne" imprenditore di successo, oggi sono conosciuto in Italia soprattutto per aver scritto **il libro Best Seller che hai adesso in mano "La Bibbia della Ricchezza"**, distanziando di gran lunga (come numero di copie vendute) i vari "pseudo guru" Italiani ma soprattutto TUTTI i mostri sacri Americani!

In molti mi pongono questa domanda:

"Roy, qual è il segreto del successo che si cela dietro a questo libro?"

Le parole con cui puntualmente rispondo, sono sempre le stesse:

"Il segreto è quello di aver creato qualcosa che non si era mai visto prima!"

Tutti gli altri libri di business disponibili sul mercato (quasi tutti Americani) sono super motivazionali e poco pratici...

...ti stimolano a credere in te stesso...a non arrenderti mai e robe simili.

Ok tutto molto bello, ma nessuno ti consegna in mano **una metodologia chiara** da seguire passo dopo passo per ottenere una solida stabilità economica.

Ecco! Io invece ho fatto l'esatto contrario, poca teoria e tantissima pratica!

Ho trascritto all'interno di queste pagine tutte le principali tecniche che ho applicato nella mia vita per raggiungere "la tanto ambita RICCHEZZA".

Ogni singola gocciolina d'inchiostro impressa in questo libro è stata frutto della mia esperienza diretta, con le identiche strategie che ho utilizzato io stesso per creare il mio benessere economico.

Non ci saranno le solite "supercazzole" con teorie motivazionali, qui dipenderà tutto da te, se applicherai quello che ti insegno avrai delle massicce possibilità di ottenere **il successo economico,** se non lo farai molto probabilmente continuerai a condurre **per sempre** la solita vita (più o meno soddisfacente) che stai vivendo adesso.

Tutte le informazioni di cui hai bisogno le troverai all'interno di questo "testo sacro" che hai la fortuna di avere tra le tue mani.

E se pensi che io me la stia tirando, allora ti smentirò subito fin dalle prossime righe.

Buon proseguimento di lettura.

CAPITOLO 1

I Falsi miti e la Ricchezza!

Come si arricchisce un Italiano medio?

Durante l'anno 2019, è stata posta la seguente domanda ad una campionatura elevata di cittadini Italiani:

"Qual è lo stipendio ideale per poterti definire ricco?"

La risposta media degli intervistati è stata la seguente:

"Ci si può considerare ricchi con uno stipendio da 8000 euro al mese!"

Questo è quanto emerso dal sondaggio realizzato in esclusiva per Sky Tg24 dall'istituto di ricerca Quorum/YouTrend.

I dati raccolti mi hanno incuriosito molto, così tanto da spingermi ad approfondire personalmente questo studio, dando l'incarico ai miei collaboratori di intervistare 700 persone suddivise nelle varie regioni d'Italia, ponendogli 2 domande secche.

Domanda 1

"Vorresti essere ricco?"

- ✓ Il 94 % degli intervistati ha risposti di SI!

- ✓ il 5% ha risposto di essere felice per la propria situazione attuale e non gli interessava arricchirsi.

- ✓ Solamente l'1% ha affermato di essere già in una condizione economica da potersi definire ricco!

Adesso sicuramente starai pensando, *"era ovvio che quasi tutti avrebbero risposto di voler essere ricchi!"*

Sì, hai ragione, poteva essere prevedibile una risposta del genere...

...ma alla seconda domanda posta agli intervistati, ne è uscito fuori un dato da mettersi letteralmente le mani ai capelli...ecco qui:

Domanda 2

"Quali azioni intendi svolgere per diventare ricco?"

...Silenzio di tomba, nel 96% dei casi nessuno riusciva a dare una risposta chiara, solamente qualche classica risatina di chi viene colto alla sprovvista.

Alcuni farfugliavano cose assurde, dando risposte del classico Italiano medio:

- "Non ha senso pensare a come diventare ricco, tanto non lo sarò mai"

- "L'unico modo è quello di vincere al superenalotto"

- "Sposando una donna ricca"

Ci sarebbero altre risposte abbastanza stupide ma preferisco fermarmi qui.

Come avrai capito, solamente una piccolissima percentuale ha dato una risposta di business (più o meno valida) del tipo:

- Sto lavorando ad un progetto immobiliare.

- Voglio realizzare un franchising, espandendo i punti vendita del mio ristorante.

- Ho creato un Brand di moda da presentare a degli investitori.

Questi numeri mi hanno fatto riflettere molto, si tratta di prove inconfutabili che fanno trasparire (purtroppo) il basso livello di "intelligenza finanziaria" da parte della stra-maggioranza degli Italiani.

Mi imbarazza un po' scrivere quello che sto per dirti, ma devo farlo...

Ahimè la mentalità dell'Italiano medio è quella di "apparire", guidare una bella auto, possedere una splendida casa, vestirsi con abiti griffati, fare costose vacanze a 5 stelle, **tutto questo prosciugando il proprio conto corrente o ancora peggio, chiedendo soldi il prestito alle banche...**

In parole spicciole, troppe persone tendono ad indebitarsi per comprare oggetti che in realtà non possono permettersi!

Il percorso da seguire invece dovrebbe essere esattamente l'opposto, prima si dovrebbe pensare a come arricchirsi e solo dopo a come spendere soldi per comprare oggetti costosi.

La cattiva gestione del denaro, porta inesorabilmente a vivere una vita di debiti, versando per decine di anni denaro con interessi nelle casse delle banche...

...e questo è niente, perché se per qualche imprevedibile ragione si perde il lavoro da dipendente (o l'attività imprenditoriale inizia ad avere delle perdite di fatturato), allora molto probabilmente nel giro di pochi mesi ci si ritrova senza un centesimo bucato e con la casa ipotecata!

Scusa per il modo duro con cui dico queste cose, ma è la pura realtà!

Fatta questa premessa ti dico subito che non voglio fare il paladino della giustizia perché **io stesso in prima persona, ho combinato un sacco di casini...**

...mi ero fatto prendere seriamente la mano, iniziando a fare spese pazze, completamente fuori controllo!

All'epoca avevo 27 anni e fatturavo già un mucchio di soldi (praticamente in 1 mese guadagnavo la stessa cifra che un operaio guadagna in 1 anno), eppure ero arrivato al punto di **ritrovarmi completamente al verde!**

Ma non voglio spifferare altro per il momento, tra qualche capitolo ti troverai a leggere anche di questa "pazza storia", che a pensarci oggi mi fa sorridere, ma in passato è stato un vero e proprio incubo...

E Allora…Quanto Denaro Dovresti Possedere per Poterti Definire Ricco?

Prima di vedere in maniera concreta quali sono i sistemi pratici per generare prosperità economica nel 2021, è necessario stabilire la soglia di denaro da possedere per poterti definire "una persona ricca".

Esistono 2 tipi di risposta a questa domanda…

La prima è quella istituzionale; secondo molti economisti **una persona si può definire ricca, quando ha accumulato un patrimonio totale di almeno 2 milioni di euro.**

Adesso invece ti ho do la seconda risposta, quella che ho coniato personalmente attraverso la mia esperienza:

La ricchezza è una condizione strettamente soggettiva, per alcuni essere ricchi potrebbe significare guadagnare semplicemente 3000 euro al mese, per altri invece, potrebbe essere lo status di possedere un patrimonio da 1 Miliardo di euro.

Conosco imprenditori che fatturano 20 milioni di euro l'anno, con utili di 3-4 milioni che si definiscono benestanti e non ricchi…

…mentre altri miei amici imprenditori con introiti netti di 80/100 mila euro annui, si definiscono esplicitamente "persone ricche".

Ad oggi con il mio business, fatturo oltre 350 mila euro l'anno con guadagni netti di oltre 226.000 euro…

…E SÌ, MI DEFINISCO SENZA DUBBIO UNA PERSONA RICCA (ma non Milionaria).

Nel Gennaio del 2021 (periodo in cui sto aggiornando questo libro) alla soglia dei 30 anni, guadagno molti più soldi del 99,3% delle persone lì fuori, non ti nascondo che il desiderio di aumentare i miei introiti è sempre vivo dentro di me…

…Ti confido che ad un certo punto guadagnare sempre più denaro diventa un gioco più che un bisogno!

Per esperienza posso assicurarti che la vita che fai quando guadagni 10 mila euro al mese è la stessa che farai quando ne guadagnerai 15 o 20 mila al mese, tranne se non sei un pazzo furioso che inizia a fare "spese galattiche" per mega feste e altre stupide follie (come ho fatto io qualche anno fa, ma questa è una storia che affronteremo più avanti).

I Soldi NON Cresco sugli Alberi!

Fai molta attenzione a quello che sto per dirti. Chi ti racconta che puoi arricchirti lavorando poco e niente ti sta mentendo spudoratamente!

Ho letto anche vari libri che vendono la falsa promessa di farti diventare ricco lavorando 4-5 ore a settimana o peggio ancora attraverso investimenti miracolosi che "cambieranno la tua vita".

Detto in "Francese" sono Stronzate Colossali, delle vere e proprie truffe!

Scommetto che ti sei imbattuto almeno una volta nella vita in messaggi ingannevoli che solitamente sono articolati in questa maniera:

Il famoso guru di turno ti mostra la bella vita che conduce (finta come una banconota da 30 euro) mentre sorseggia un gustoso cocktail in una spiaggia caraibica, con il solo scopo di venderti dei corsi e delle consulenze private che costano un botto di quattrini!

Ultimamente sta andando forte la truffa delle criptovalute. Questi delinquenti utilizzano i volti dei personaggi dello spettacolo (a loro insaputa) per pubblicizzare corsi e investimenti sul mondo delle criptovalute, con l'unico scopo di spillarti più soldi possibili!

Se pensi che per diventare ricco esiste la formuletta magica che ti fa trovare i soldi sugli alberi, allora questo libro molto probabilmente non fa per te...

...Se invece sei consapevole che per raggiungere la ricchezza bisogna lavorare strategicamente con costanza e dedizione, allora continua pure a leggere questo testo perché sei assolutamente sulla buona strada.

Devi sapere che **il 95% della gente non riesce ad arricchirsi per pigrizia!**

Quando si parla di dedicare del tempo per pianificare la propria strategia di ricchezza, le persone hanno la stessa voglia di un di un bradipo tridattilo!

Il bradipo è un animale famoso proprio per la sua pigrizia e lentezza nei movimenti, dorme la bellezza di 19 ore al giorno e per compiere un tragitto di 250 metri alla sua massima velocità, impiega all'incirca 1 ora.

Poi ci sono anche i pigri scettici, che oltre a non aver voglia di pianificare la propria prosperità economica, non fanno altro che sprecare il loro tempo a criticare chi invece è riuscito ad arricchirsi, con le solite frasi da bar di questo genere:

- "Chissà quale diavoleria starà facendo per avere tutti questi soldi"

- "Io ho pochi soldi ma almeno la notte dormo sonni tranquilli"

- "Sarà sicuramente un delinquente questo qui"

Ti assicuro che di questa gente il mondo ne è pieno!

Per rimanere in tema voglio raccontarti un piccolo aneddoto:

Un paio di anni fa mi trovavo in un bar che tutt'ora frequento abitualmente, mentre ero seduto a sorseggiare il mio cappuccino, ad un certo punto si avvicina un tizio che non avevo mai visto prima…e mi dice:

"Ecco il classico figlio di papà che guida un auto di lusso e fa la bella vita a spese del paparino, vergognati in giro c'è gente che muore di fame!"

Ti giuro avrei voluto prenderlo a schiaffi e ne avevo tutte le ragioni per farlo, ma ho preferito mantenere la calma. Questo idiota mi stava giudicando senza sapere nulla di me…

…nella mia vita non ho mai cercato 1 euro alla mia famiglia, purtroppo non avevamo una bellissima situazione economica e a stento si arrivava a fine mese.

Guarda potrei scrivere un intero libro pieno di questi luoghi comuni, ma abbiamo argomenti decisamente molto più importanti da affrontare e il prossimo capitolo darà il via alla scalata verso la tua ricchezza!

Buon proseguimento di lettura.

CAPITOLO 2

Il Mindset della Ricchezza

Tutto quello che devi sapere ancora prima di iniziare!

Sicuramente avrai già letto libri su come ottenere il benessere economico, in giro se ne trovano a centinaia, peccato che dentro ci sono scritte "le solite boiate", sono davvero in pochi quelli che ti trasmettono qualche spunto valido.

Facendo una scrematura il 96% di questi testi fa leva sul farti credere in te stesso "credici fino in fondo e ce la farai", peccato che poi non c'è nessun tipo di riferimento su tutta la parte tecnica da implementare per raggiungere concretamente i risultati.

La motivazione è essenziale per entrare in maniera vincente all'interno di un business, ma se poi non conosci **tutti i passaggi tecnici da compiere step by step**, ti garantisco che non andrai molto lontano…

…rischierai seriamente di girare come una trottola e ritrovarti ad un'età avanzata senza aver mai raggiunto gli obiettivi sperati!

Per farti comprendere al meglio quello che ti sto dicendo, voglio farti un esempio pratico aiutandomi con un iceberg.

L'iceberg, come sicuramente saprai, è un enorme blocco di ghiaccio galleggiante, ma solo una piccola parte fuoriesce dall'acqua, mentre la maggior parte è completamente immersa nell'oceano.

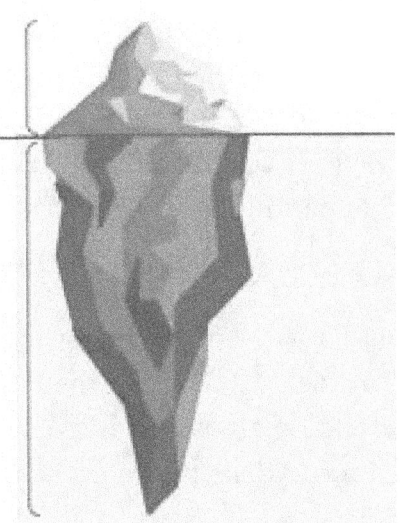

Come puoi vedere dall'immagine, ho suddiviso l'iceberg in 2 sezioni:

❖ Voglia di cambiamento (parte motivazionale)

❖ Apprendimento e Implementazione di un Metodo (parte tecnica)

Avrai notato che la voglia di cambiamento (parte motivazionale) è sicuramente importante, **ma è solo la punta dell'iceberg**. La vera chiave del successo sta nell'apprendere un metodo chiaro di ricchezza e implementarlo passo dopo passo!

Ti assicuro che il tempo scorre velocemente, gli anni passano e conosco tante persone in gamba che hanno rinunciato ai propri sogni perché non sapevano da dove partire, studiavano continuamente libri, frequentavano corsi di formazione, ma poi al momento di mettere le cose in pratica andavano completamente in blocco...

...e intanto il tempo continua a scorrere, gli anni passano, arrivano i figli, i primi problemi economici, e via, si finisce per abbandonare il proprio sogno e accontentarsi di una vita "normale" che purtroppo a molti sta maledettamente stretta.

Ma tu non preoccuparti, se leggerai questo libro fino alla fine ti prometto che al termine di questo percorso avrai una metodologia di ricchezza chiara e impressa a fuoco all'interno della tua testa!

Ti documenterò ogni singola cosa che leggerai all'interno di questo testo, inserendo come già hai potuto notare, perfino gli "screenshot" dei miei introiti (ti garantisco che sono il primo imprenditore nella storia dell'editoria Italiana ad inserire questi dati sensibili all'interno di un libro).

Bene, i patti sono questi:

Io ti darò il mio stesso Metodo da replicare al 100% per raggiungere lo stile di vita che hai sempre sognato, ma tu dovrai rimboccarti le maniche, dovrai metterti in gioco, dovrai lavorare duramente...solo così riuscirai a centrare pienamente l'obiettivo.

Fatte queste doverose premesse, adesso inizierà ufficialmente il tuo cammino verso la ricchezza!

Tutto quello che leggerai fa parte della mia storia, dei miei errori, delle mie strategie e soprattutto dei miei risultati, non troverai da nessun'altra parte al mondo tutto quello che stai per apprendere adesso.

Pronto? Si parte!

Il FOCUS ti renderà ricco

Se vuoi realmente ottenere dei risultati, allora ti consiglio vivamente di non cambiare neanche una virgola di tutto quello che ti insegnerò, altrimenti rischierai seriamente fallire la tua scalata verso la ricchezza.

La prima LEGGE che dovrai rispettare in assoluto è quella del FOCUS:

Non distrarti con altri libri o corsi, altrimenti non concluderai mai nulla, finirai sempre per cercare nuove opportunità senza mai iniziare seriamente un business vero e proprio.

Il Focus è la colonna portante della ricchezza, se stai dietro a troppe cose finisci per non farne buona neanche una!

Purtroppo in molti cadono in questo errore, leggono continuamente libri sulla crescita personale, seguono costosi corsi di formazione passando da un formatore ad un altro, fin quando ad un certo punto, non ci si scontra con la dura realtà del mercato…e lì sono dolori!

Per un motivo o per un altro, qualcosa va storto e il sogno di ricchezza viene rimandato puntualmente a data da destinarsi.

Utilizzando un'immagine per semplificare il concetto, questo è l'errore più comune che impedirà la tua ricchezza:

Come vedi la continua ricerca "del sistema per diventare ricco" senza mai focalizzarti al 100% su un solo business non ti porterà da nessuna parte, finirai per essere ad un passo dal pozzo pieno d'oro, senza mai conquistarlo!

Se vuoi raggiungere velocemente la ricchezza, allora dovrai intraprendere una sola strada e percorrerla fino alla fine, senza mai farti distrarre da nessuna cosa al mondo.

Solo in questo modo riuscirai a trovare **la via della ricchezza!**

Una tecnica molto efficace come diceva il grande Henry Ford, è quella suddividere in tanti micro-obiettivi il raggiungimento dell'obiettivo finale, con termini di scadenza ben precisi!

Mi spiego meglio.

Quello che devi assolutamente fare è scrivere i tuoi obiettivi su un'agenda cartacea con delle scadenze ben precise (che dovrai rispettare a tutti i costi) per ogni micro obiettivo stabilito, mi raccomando **ho detto agenda cartacea** e non tablet o altro dispositivo elettronico.

È stato scientificamente testato che gli obiettivi scritti su un pc o su uno smartphone vengono spesso dimenticati o rimandati, mentre l'utilizzo di un'agenda fisica è di gran lunga più efficiente, per il semplice motivo che il contatto fisico con la carta e con l'inchiostro, ci aiuta inconsciamente a rafforzare il nostro focus verso ciò che scriviamo!

Ogni giorno dovrai aprirla e aggiornarla costantemente con tutti i micro obiettivi che ti sei preposto di raggiungere, alcune volte accadrà che non riuscirai a portarli a termine per i tempi previsti (anzi per esperienza ti garantisco che accadrà molto spesso) ma questo ti spronerà a migliorare giorno dopo giorno le tue performance.

Le Scusanti dei Perdenti!

Ogni giorno mi contattano sempre più persone e ti garantisco che ne sento di tutti i colori, ma se c'è una cosa che proprio non sopporto è quando mi viene detto:

"Roy, tu sei fortunato perchè stai bene economicamente, e si sa...i soldi generano altri soldi!

...Io invece guadagno 1000 euro al mese, con questi spiccioli non posso andare da nessuna parte!"

E no bello, io oggi posso definirmi "finanziariamente realizzato", ma fino a 5 anni fa ero un giovane laureato che viveva in un monolocale (in affitto) umido e con la muffa che mi perseguitava in ogni angolo della casa!

Purtroppo a quei tempi non potevo permettermi nulla di meglio, queste sono le foto di quella "topaia" che porto sempre sul mio smartphone come ricordo di quegli anni difficili:

Le foto in bianco e nero potrebbero non rendere pienamente l'idea, ma ti assicuro che era un vero e proprio incubo!

Come vedi non sono partito dal basso…

…sono partito proprio dal fondo!

Per questo nel prossimo capitolo ti dimostrerò che non ha importanza dove ti trovi oggi, **quello che più conta è dove vuoi arrivare domani!**

Buon proseguimento di lettura.

CAPITOLO 3

Non è sempre stato tutto Rose e Fiori.

I Sacrifici

Come accade a molte persone di successo, anche io ho dovuto superare tanti ostacoli durante la mia vita.

Subito dopo aver preso il diploma di scuola superiore, sentivo il desiderio impellente di iscrivermi all'università (nella facoltà di giurisprudenza), ma avevo necessariamente bisogno di trovarmi un lavoro per potermi permettere gli studi.

La mia famiglia è di origini molto umili, di certo non si poteva dire che "navigassimo nell'oro".

Mio padre lavorava come guardiano in uno stabile per 1000 euro al mese "il famoso portinaio" con un mutuo sulle spalle da pagare, mentre mia madre è sempre stata una modestissima casalinga, con la capacità di realizzare deliziose pietanza utilizzando anche gli scarti che il 90% delle persone solitamente avrebbero buttato nell'immondizia.

Insomma, in qualche modo riusciva sempre a farci trovare la tavola piena!

Nonostante questi problemi, posso dire con estremo orgoglio che i miei genitori non mi hanno fatto mancare mai nulla. Fin da piccolo avevo capito che non potevo permettermi di avere la Playstation come molti dei miei compagnetti...

...non potevo neanche permettermi l'ultimo modello di scarpe Nike, ma questo non mi scalfiva per niente, per essere felice mi bastava prendere a calci un pallone giù nel cortile.

Questo marmocchio che vedi in foto qui giù, sono io all'età di 3 anni e mezzo mentre stavo osservando con grande soddisfazione i miei scarabocchi e sinceramente non avevo molta voglia di farmi fotografare quel giorno!

Tornando a noi, purtroppo nel periodo post-diploma l'unico impiego che trovai fu quello presso una vecchia falegnameria gestita da un anziano falegname, conosciuto in città come "Mastro Piero".

Così accettai (a malincuore) di lavorare alle sue condizioni, altrimenti potevo starmene tranquillamente a casa.

Vuoi sapere quali erano le condizioni di lavoro?

Tutti i giorni dal lunedì al sabato dalle 7:00 alle 14:00 per la ridicola cifra di 600 euro al mese.

Per ben cinque anni la mia vita fu sempre la solita routine:

- Sveglia alle 6 del mattino, colazione e via al lavoro fino alle 14:00!

- Ore 14:30 rientro a casa, doccia e pranzo.

- Ore 16:00 di corsa a studiare fino alle 22:00.

L'unico giorno libero dal lavoro era la domenica, e indovina un po' cosa facevo?

Studiavo tutto il giorno per laurearmi il prima possibile e trovare finalmente un lavoro dignitoso, o almeno questo era quello che speravo...

Il mio Fallimento Universitario

Finalmente era giunto il grande giorno, stavo per diventare un dottore in legge!

Avevo addirittura seguito qualche lezione privata presso un avvocato, per essere preparato al meglio in quel giorno speciale.

Tra costo delle lezioni private, vestito per la discussione della tesi e spese per le tasse universitarie **ero rimasto completamente al verde**, ma con la gioia nel cuore per aver raggiunto finalmente il mio sogno, "il sogno di laurearmi".

Questa è una foto di quel giorno speciale:

Neanche a dirlo i miei genitori furono molto orgogliosi di me, per la prima volta nella mia vita avevo ricevuto un abbraccio caloroso da parte di mio padre (Non è assolutamente una persona cattiva, è semplicemente un tipo "molto sulle sue", una personcina all'antica che cerca di nascondere i propri sentimenti, ma alla fine dei conti è un cucciolotto).

L'indomani "da giovane idiota" e con un sorriso a 32 denti, iniziai a tutto gas a consegnare curriculum a tutti gli uffici della mia città.

Purtroppo quello fu il periodo più frustrante della mia vita, dopo aver consumato qualche chilo di carta in curriculum e 2 mesi di tempo a bussare centinaia di porte, il risultavo fu un fiasco clamoroso!

Ricevevo sempre le solite risposte:

"Grazie per averci inviato il suo curriculum, le faremo sapere"

"Spiacenti al momento il personale è al completo"

Era tutto fermo come una barca a vela in mare senza un filo di vento.

Altre volte ricevevo proposte al limite del surreale, del tipo:

"Lavora con noi gratis così impari il mestiere, avrai anche un rimborso benzina di 80 euro al mese"

Wow, e intanto con quali soldi mangiavo? Con i soldi del futuro mestiere che avrei imparato?

Ovvio che no!

Vuoi sapere come andò a finire?

Dopo ben 62 giorni trascorsi a cercare un impiego decente (senza successo), tornai nuovamente a lavorare per "Mastro Piero".

Mi ritrovai ad essere un giovane laureato di 25 anni senza niente tra le mani e con una paga da 600 euro al mese, fu un momento molto delicato, per la prima volta il desiderio di arrendermi stava prendendo il sopravvento sulla mia ambizione.

Ero ad un passo dal mollare i miei sogni di gloria e accettare la crudele realtà...ma inaspettatamente la mia vita stava per essere stravolta...

CAPITOLO 4

Verso la via della Ricchezza

Il Colosso del Web

Ero infuriato con la vita, non riuscivo a spiegarmi il perché dopo tanti anni di sacrifici sui libri, non ero riuscito a trovare un lavoro dignitoso.

Intanto notai che in quel periodo Andrea (il mio miglior amico) si stava concedendo più sfizi del solito, eppure da qualche mese sapevo per certo che si era licenziato dal suo vecchio impiego.

Avevo il timore che si fosse messo in qualche brutto affare, da due settimane aveva addirittura cambiato auto, sostituendo la sua vecchia Skoda con una fiammante BMW serie 1 nuova di zecca, non riuscivo a spiegarmi da dove stesse prendendo tutti questi soldi, ma dovevo assolutamente scoprirlo!

Così, durante una delle nostre solite uscite, confessai ad Andrea il malessere di quel momento estremamente difficile della mia vita, il lavoro in falegnameria mi andava ormai troppo stretto, non volevo più vivere con 600 euro al mese...

...La mia laurea purtroppo non mi stava portato dove avrei sperato, insomma fu un gran brutto "periodaccio".

Quella sera però volevo smetterla di deprimermi, così chiesi ad Andrea:

"Ma invece dimmi una cosa, ho notato che hai cambiato auto, ti vesti meglio, la sera esci più spesso, che cavolo stai combinando? Da dove stai prendendo tutti questi soldi?"

Andrea con aria estremamente seria mi disse:

Vedi Roy, anche io ho vissuto i tuoi stessi problemi, anche io mi sono laureato proprio come te, e vuoi sapere che fine ha fatto la mia laurea?

Si trova appesa al muro, dentro una cornice in legno di ciliegio a prendere polvere!

Devi metterti in testa che stiamo vivendo un periodo rivoluzionario, ci troviamo **nella piena era di internet** e bisogna sfruttare questa enorme leva a nostro favore...

...tanta gente pensa che non lavoro perché sto a casa, invece si sbagliano di grosso, da 10 mesi ho aperto una mia azienda online e guadagno per cinque volte la cifra che guadagnavo con il mio vecchio lavoro da cameriere.

Adesso lavoro da casa attraverso Amazon e puntualmente ricevo i bonifici con i miei guadagni!

Roy, tanta gente investe valanghe di soldi per aprire un'attività fisica, come un ristorante o un negozio di abbigliamento, ma i numeri parlano chiaro, il 50% di queste chiude entro i primi 3 anni!

Mentre io partendo con pochi spiccioli ho creato un business che oscilla intorno ai 4000 euro al mese NETTI.

WOW, rimasi letteralmente rapito da quella sua storia, non avrei mai pesato che attraverso Amazon si potessero guadagnare tutti questi soldi.

Quella stessa sera implorai Andrea di aiutarmi ad entrare in questo business, volevo a tutti i costi modificare la rotta della mia vita, ero stanco di "sopravvivere" con quella misera paga da 600 euro che prendevo ogni mese!

Andrea da grande amico (che non smetterò mai di ringraziare), mi diede un appuntamento l'indomani pomeriggio direttamente a casa sua, per mostrarmi concretamente ciò di cui mi stava parlando.

A scuola di Soldi

Puntuale come un orologio Svizzero mi presentai a casa sua con il mio pc e con un quaderno per prendere appunti. Ero pronto a dare una svolta definitiva alla mia vita!

Andrea iniziò la lezione con queste parole:

Se Vuoi Fare Tanti Soldi devi Vendere Libri in Autopubblicazione su Amazon!

(Non avevo mai sentito parlare di "autopubblicazione di libri su Amazon", ma come al solito avevo piena fiducia in lui, rimasi in silenzio e continuai ad ascoltare la lezione).

Roy, devi sapere che Amazon nasce proprio come libreria online, attualmente domina il mercato mondiale dei libri.

La chiave del loro successo sta proprio nel dare la possibilità ai privati di Autopubblicare veri e propri libri, senza spendere migliaia di euro con le case editrici!

Ma il bello deve ancora venire, infatti non dovrai essere tu a scrivere questi libri, ti insegnerò a delegare tutto il lavoro ad uno scrittore professionista!

…Allora Roy, il business è articolato in questa maniera:

+ Come primo step dovrai trovare un argomento per il tuo libro che fa gola al mercato.

+ Come secondo step ti metterai d'accordo con uno scrittore professionista che realizzerà questo libro per te!

+ Nel terzo step, come ultimo anello della catena troviamo Amazon che si occuperà di vendere il tuo libro attraverso 3 versioni:

- **Versione Kindle;** questa sarà la versione elettronica del tuo libro, praticamente quando qualcuno effettua un acquisto, Amazon riceve il pagamento e spedisce automaticamente il file elettronico del tuo libro all'acquirente finale.

- **Versione Cartacea;** come dice la stessa parola questa è la versione fisica del tuo libro (realizzata in carta). In questo caso Amazon quando riceve il pagamento da parte dell'acquirente, stamperà sul momento il tuo libro e lo spedirà a quest'ultimo nel giro di 24h, pazzesco!

- **Versione Audio Book;** si tratta di una versione elettronica in formato audio, a differenza delle altre 2 varianti appena esaminate, questa non contiene del testo scritto, ma sarà recitata da un narratore professionista.

Anche in questo caso Amazon dopo aver ricevuto il pagamento da parte dell'acquirente, spedirà automaticamente il file audio del tuo libro a quest'ultimo.

La vera potenza propulsiva di questo business è dovuta al fatto che una volta consegnato il tuo libro ad Amazon, tu non dovrai fare più nulla, saranno direttamente loro a pensare a tutto!

Un libro rimane in vendita su Amazon per sempre e **si può definire a tutti gli effetti una rendita quasi passiva**, si avvicina molto all'idea di quando affitti una casa e ogni mese ricevi sul conto i soldi dell'affitto, anzi direi molto meglio perché sai bene che affittare un immobile comporta spese elevate e soprattutto una montagna di "rotture di scatole":

- Acquisto dell'immobile

- Tasse da pagare

- Problemi con l'inquilino che non paga il canone di affitto

- Spese di manutenzione dell'immobile

Invece nel business dell'autopubblicazione su Amazon, tu dovrai semplicemente intascare la % di guadagno che ti spetta per ogni singola vendita del tuo libro!

Intanto il tempo passava velocemente, si era fatta già mezzanotte inoltrata e la lezione era appena terminata. Andrea era stato come un super treno in corsa, mi aveva appena trasmesso dei concetti dal valore inestimabile...

...mi sentivo al settimo cielo, ero appena entrato in possesso delle armi che mi avrebbero permesso di fiondarmi in maniera vincente all'interno di questo business!

All'inizio di questo libro ti ho mostrato il mio fatturato del mese di Gennaio 2021 (periodo in cui sto aggiornando questo libro), l'importo è di 31.872 in soli 31 giorni per un guadagno netto di 26.425 euro.

...fatta questa precisazione, posso dirti con numeri alla mano che lo Sprint che mi ha permesso di definirmi "una uomo finanziariamente sereno" portandomi da 0 a 12 mila euro al mese di profitto, è avvenuto esattamente nei primi 9 mesi.

Proprio per questo, nel prossimo capitolo ti parlerò esclusivamente di denaro e di come sono riuscito in soli 9 mesi a creare un business tramite Amazon (partendo completamente da 0), e portarlo **con tanto lavoro e dedizione** ad una rendita semi-automatica di 12 mila euro mensili.

CAPITOLO 5

270 Giorni per Diventare Ricco!

Da 0 a 1.000 euro con il mio business

I giorni successivi all'incontro con Andrea furono molto intensi, di mattina continuavo a lavorare in falegnameria, mentre il pomeriggio lo dedicavo interamente a studiare il mondo dell'Autopubblicazione di libri su Amazon.

Tutti i giorni mi sentivo telefonicamente con Andrea per approfondire gli argomenti che non mi erano chiari al 100%. Ogni singola cosa che apprendevo la applicavo immediatamente, senza mai procrastinare o mettere in dubbio i suoi suggerimenti.

Trovai il mio primo scrittore professionista ad un ottimo rapporto qualità/prezzo, per 280 euro era disposto a scrivere il mio libro rispettando tutte le mie direttive con le tempistiche di lavoro che gli avevo raccomandato.

Lo scrittore mi consegnava tutto il lavoro già pronto, io dovevo solamente inoltrarlo ad Amazon per metterlo a reddito e farlo fruttare dei bei soldini!

Nel giro di 48 giorni (dalla pubblicazione del mio primo libro) ero già riuscito a guadagnare i miei primi 1000 euro!

...Finalmente potevo licenziarmi da quella maledetta falegnameria che da anni mi teneva come "un'aquila intrappolata in gabbia" per dedicarmi a tempo pieno al mio business. E così fu!

Finalmente mi sentivo felice, per la prima volta nella mia vita stavo riuscendo a guadagnare con una mia creatura, ormai ero diventato il capo di me stesso, non dovevo più prendere ordini da nessuno!

Da 1.000 a 3.000 euro al mese

Giorno dopo giorno le vendite dei miei libri aumentavano sempre di più...

...dopo 4 mesi e mezzo (dall'inizio della mia attività), toccai con mano i miei primi **3000 euro di guadagni netti in un solo mese,** chiamate tecnicamente Royalties (le Royalties sono semplicemente le percentuali di guadagno che Amazon ti riconosce ogni volta vende uno dei tuoi libri).

Ero arrivato al punto di dover aprire necessariamente una partita IVA...

...i guadagni erano ormai troppo alti per lavorare con la classica ritenuta d'acconto.

Per chi non lo sapesse, in Italia è possibile avviare alcuni business anche senza aprire necessariamente la partita iva, se poi superi una certa cifra di introiti, a quel punto diventa obbligatorio aprirla (Non preoccuparti, tra un po' approfondiremo meglio anche questa tematica).

Da 3.000 a 10.000 mila euro al mese

Ormai Andrea mi aveva trasmesso tutto ciò che sapeva sul mondo dell'autopubblicazione di libri, ma se c'era una cosa che fin da piccoli ci differenziava era proprio l'ambizione.

Lui era già felice con i suoi guadagni mensili, ormai da parecchio tempo viaggiava sui 5000 euro al mese, io invece non avevo nessuna intenzione di bloccarmi a quella cifra, per il semplice motivo che avevo capito l'immenso potenziale di questo business.

La carne al fuoco era davvero tanta ed io non avevo alcuna intenzione di accontentarmi!

Così, iniziai a fare moltissime ricerche su internet per trovare nuove strategie da applicare al mio business e tra la tanta spazzatura presente in rete, una grande scoperta fu quella di un personaggio Americano che riusciva a guadagnare oltre **1 Milione di dollari l'anno** proprio attraverso l'autopubblicazione di libri su Amazon.

Senza dubbio era uno dei top al mondo, nessuno come lui riusciva a fare così tanti soldi attraverso questo business!

Questa persona a differenza di tutti gli altri, aveva catturato la mia attenzione perché mostrava realmente i suoi guadagni generati…io sono del parere che con le parole siamo tutti bravi, però ad un certo punto sono i fatti quelli che contano realmente!

La grande notizia fu che proprio questo personaggio nel 2017 mise in vendita un video-corso a 2000 dollari in cui svelava tutti i suoi segreti e le sue strategie per sfondare attraverso l'autopubblicazione dei libri.

…Indovinello, secondo te comprai o no quel corso?

Esatto, comprai immediatamente questo video corso in lingua Inglese e grazie all'aiuto di una mia amica traduttrice iniziai a studiarlo come "l'Ave Maria", per i 10 giorni a seguire non esisteva nient'altro, eravamo solamente io e il corso senza neanche una minima distrazione.

I risultati furono pazzeschi, non avrei mai immaginato di trovare così tante strategie pratiche da applicare immediatamente al mio business!

Nei mesi a seguire, iniziai a pubblicare molti più libri in ben 5 lingue diverse per raggiungere quasi tutti i Paesi del mondo!

Il corso spiegava come trovare velocemente scrittori, come promuovere i libri e come scalare dinamicamente questo business per guadagnare cifre inimmaginabili.

In questa fase di cui ti sto parlando, mi trovavo esattamente a 270 giorni dall'inizio della mia attività e per la prima volta ero riuscito a guadagnare in un solo mese **10.250 euro**.

Eh si...iniziavo a sentire il Sapore del Successo...

Nel prossimo capitolo ti spiegherò tutti i passaggi step by step con le rispettive immagini illustrative per mostrarti come creare un libro e metterlo in vendita su Amazon partendo completamente da zero.

Sto iniziando a suscitare il tuo interesse vero?

...E allora voglio svelarti una grande notizia:

Ho realizzato un mio video corso dal valore inestimabile, in cui spiego in maniera "iper mega avanzata" con oltre 50 video lezioni, tutto quello che so su questo business e come farti ottenere gli stessi risultati monetari che ho ottenuto io (nel più breve tempo possibile).

Sai perché lo definisco dal "valore inestimabile"?

Troverai da solo la risposta, attraverso la domanda che sto per farti:

Quanto saresti disposto a pagare se qualcuno ti insegnasse a mettere in piedi un business a 6 cifre l'anno?

Molto probabilmente 50 mila euro, forse anche molto di più!

Per il semplice motivo che attraverso le preziose informazioni contenute all'interno del corso, recupereresti velocemente il tuo investimento per andare prepotentemente in attivo nel giro di qualche mese!

Si tratta del primo video corso nel panorama Europeo **realizzato da chi ha Realmente Ottenuto Successo all'interno di questo settore,** per imparare (passo dopo passo) a creare **un business da centinaia di migliaia di euro** attraverso l'autopubblicazione di libri su Amazon!

Stai sereno, pagina dopo pagina, leggendo questo libro ti sarà tutto più chiaro.

[**SORPRESA:** Se leggerai questo libro fino alla fine troverai una Mega Sorpresa Riservata Esclusivamente ai clienti del mio libro proprio come te].

Ma adesso torniamo a noi, voglio subito rassicurarti su un concetto di vitale importanza.

Sicuramente sarai abituato a vedere questo genere di cose, dove gli autori dei libri ti danno qualche informazione superficiale con il solo obiettivo di farti acquistare i loro costosi corsi, conosco molto bene come funziona questo mondo...

Proprio per questo ti do la mia parola che stavolta non sarà così!

All'interno di questo libro ti trasmetterò tutto quello che ti serve per partire da ZERO con questo business, senza che tu debba necessariamente acquistare il corso, PROMESSO!

E sai perché faccio questo?

Ti rispondo subito.

Semplicemente perché se già riesci a percepire l'enorme valore delle informazioni contenute all'interno di questo manuale pratico, a quel punto non potrai più fare a meno del mio corso avanzato che ho chiamato:

"Self Publishing MILLIONAIRE"

Puoi acquistare questo info-prodotto o ricevere assistenza andando direttamente sulla pagina di vendita del corso:

www.selfpublishingmillionaire.com

Ma bando alle ciance, adesso passiamo subito al lavoro pratico, dove ti mostrerò tutti "I Termini del Mestiere" che ti serviranno per iniziare a monetizzare attraverso questo business.

Capitolo 6

I termini tecnici, i mercati Amazon e l'approccio vincente da adottare se vuoi arricchirti con questo business!

I Termini Tecnici del Settore (che devi assolutamente conoscere)

Prima di tutto per parlare entrambi la stessa lingua devi assolutamente conoscere "i termini di settore".

Si tratta semplicemente di quelle che io definisco "le paroline del mestiere", ossia tutti i termini che incontrerai all'interno di questo business.

Pronto? Iniziamo!

Self publishing:

Questo termine significa "autopubblicazione" infatti su Amazon come ti ho già accennato, puoi pubblicare dei libri senza la necessità di avere una casa editrice alle spalle. Potrai fare tutto da solo, ti basterà avere le giuste competenze (e io ti mostrerò esattamente come fare), ti assicuro che è una figata pazzesca!

Amazon KDP:

Questa è la piattaforma ufficiale di Amazon dove andrai a registrarti per poter pubblicare i tuoi libri in tutto il mondo! (Nel corso del libro approfondiremo per bene questo strumento).

Royalties:

Sono i tuoi guadagni NETTI che Amazon ti pagherà per ogni copia del tuo libro venduta, questa cifra è variabile in base al formato del libro:

➤ **70% per la versione Kindle:**

Esempio, se prezzerai il tuo libro in versione elettronica Kindle a 2,99 dollari, tu riceverai delle Royalties pari a di 2 dollari per ogni copia venduta.

> ➤ **60% per la versione Cartacea meno i costi di stampa:**

Esempio, se prezzerai il tuo libro in versione Cartacea a 12.90 dollari e il costo di stampa è di 2.50 dollari, le tue Royalties saranno di 5,24 dollari per ogni copia venduta.

(12,90 X 60% - 2.50 = 5.24 dollari).

➢ **A scaglioni per la versione Audio.**

A differenza delle altre 2 versione che ti ho appena mostrato, per quanto riguarda quella audio non potrai decidere tu il prezzo, questo sarà scaglionato automaticamente in base **alla durata dell'audiolibro.**

- Meno di 1 ora------------->Prezzo 3,95 Dollari

- Tra 1 ora e 2.59 ore -----> Prezzo 6,95 Dollari

- Tra 3 ore e 4.59 ore -----> Prezzo 14,95 Dollari

- Tra 5 ore e 9.59 ore------>Prezzo 19,95 Dollari

- Tra 10 ore e 19.59 ore--->Prezzo 24,95 Dollari

- Da 20 ore in su----------->Prezzo 29,95 Dollari

Di queste cifre che vedi, le Royalties saranno pari al 40% del costo del libro, ti faccio un esempio:

Se produci un audiolibro di 3 ore e 15 minuti, questo rientra nella fascia di prezzo di 14,95 dollari, quindi il tuo guadagno netto sarà il 40% di 14,95 dollari, ossia 5,98 Dollari per ogni singola vendita!

In questo manuale mi soffermerò dettagliatamente su tutto il processo di creazione dei libri Kindle e Cartacei...

...Non approfondirò invece la questione degli audiolibri, per il semplice motivo che si tratta di un argomento non indispensabile per generare velocemente dei profitti importanti e soprattutto è poco adatto per chi sta partendo da Zero,

Pensa che io ho prodotto il mio primo audiolibro solo dopo aver raggiunto dei guadagni netti che superavano gli 8000 euro al mese.

Personalmente **non amo gli audiolibri** in quanto il processo di realizzazione è decisamente più macchinoso, conosco tante persone che guadagno più di 10 mila euro al mese pubblicando solo libri in formato Kindle e Cartaceo.

Morale della favola, gli audiolibri mettili da parte!

Il mio consiglio è quello di partire con un business dinamico e scalabile, dedicandoti esclusivamente alla produzione di libri Kindle e Cartacei e vedrai che i risultati non tarderanno ad arrivare!

Ghostwriters:

Questo termine inglese significa "Scrittori Fantasma", saranno proprio loro gli scrittori professionisti a cui delegherai la creazione dei tuoi libri!

Questo è decisamente uno dei concetti chiave di tutto il processo, più avanti approfondirò dettagliatamente questa potentissima leva di business.

Freelancers:

Per chi non lo sapesse, i freelancers sono dei professionisti disposti a lavorare per noi a distanza in cambio di un corrispettivo in denaro (che concorderemo prima dell'inizio della loro prestazione).

Per il tuo business di autopubblicazione di libri questo è un altro fattore cruciale!

Praticamente hai a disposizione tutti i dipendenti che vuoi senza aver nessun contratto lavorativo con loro, senza dovergli versare contributi, senza accollarti tutta quella serie di spese enormi sulla schiena!

Per chi come me fa impresa, sicuramente avrà già capito l'importanza di questa leva strategica!

Un freelance è ad esempio il designer della copertina del tuo libro, tu dovrai semplicemente delegargli il lavoro, e lui si occuperà di realizzare per te una splendida copertina, senza che tu muova un dito. Tutto questo in cambio di un piccolo compenso in denaro.

All'interno di questo libro ti spiegherò come e dove assumere queste persone e tutte le singole mansioni che dovrai commissionargli.

Bene, ti ho appena mostrato i termini del mestiere più utilizzati all'interno di questo business, adesso ti farò vedere una panoramica dei mercati più ricchi di Amazon e quale tra questi è quello su cui puntare per iniziare al meglio!

Leggendo il prossimo paragrafo ti sarà tutto più chiaro.

Vamos!

Il Mercato più RICCO su cui puntare

Devi sapere che Amazon, è presente in quasi tutti i paesi del mondo (a parte qualche eccezione).

Questo significa che potrai vendere il tuo libro in diverse lingue proprio come faccio io.

Sicuramente starai pensando che bisogna partire con la lingua Italiana vero?

SBAGLIATO!

Si parte con il mercato Americano (in lingua Inglese), solamente dopo si passa a tradurre i libri in altre lingue (Spagnolo, Italiano, Francese, Tedesco).

Sono esattamente 3 i motivi per cui ti consiglio di partire dal mercato Americano:

1. **È il più ricco e il più grande al mondo,** ben 500 Milioni di persone nel mondo leggono libri e notizie in lingua Inglese, mentre le persone che leggono in lingua Italiana sono solamente 60 Milioni, praticamente il mercato dell'editoria in lingua inglese è 10 volte più grande rispetto a quello Italiano.

Come se non bastasse, secondo una ricerca svolta nel 2018 le popolazioni in cui viene parlata la lingua inglese (USA, Canada, Inghilterra ecc) tendono a leggere parecchio (ben il 75% della popolazione ha dichiarato di aver letto almeno 1 libro negli ultimi 12 mesi), per gli Italiani invece la lettura non è sicuramente un punto di forza, ci troviamo addirittura come fanalino di coda dell'Europa (solo il 62% ha dichiarato di aver letto almeno 1 libro negli ultimi 12 mesi).

2. **È più economico**, infatti commissionare ad uno scrittore professionista la creazione di un libro in lingua Inglese ha un costo più vantaggioso rispetto al mercato italiano.

Lo so, sembra strano ma ti garantisco che è così.

3. **È più facile da gestire**, il mercato in lingua Inglese, come ormai avrai compreso è gigantesco e di conseguenza sarà anche più semplice trovare freelancers disposti ad aiutarti per scalare il tuo business nel più breve tempo possibile.

Proprio per questa serie di motivi che ti ho elencato, **i tuoi primi libri** dovranno essere necessariamente lingua inglese e pubblicati sul mercato di "Amazon.com"

Per darti una panoramica completa, adesso ti elencherò tutti i mercati, dal più importante al meno importante.

www.amazon.com

Questo, come ti dicevo prima è il sito principale di Amazon, dedicato in particolar modo al mercato Americano, si tratta della mia principale fonte di ricchezza.

I libri pubblicati in questo sito vengono acquistati dai clienti che parlano la lingua inglese.

Per renderti ancora meglio l'idea, ho incollato uno screenshot qui sotto, preso dal mio personale account di Amazon nell'arco temporale di 1 mese (per esattezza Gennaio 2021) dove ti mostro i miei guadagni NETTI in gergo "royalties", provenienti dai libri scritti in lingua inglese:

Royalty guadagnate (Cos'è?) ⌄

Mercato	Valuta	Royalty dell'eBook	Royalty della versione cartacea	Royalty complessiva
Amazon.com	USD	5.214,79	9.249,71	14.464,50
Amazon.co.uk	GBP	2.022,73	1.118,46	3.141,19
Amazon.de	EUR	648,36	1.214,50	1.862,86
Amazon.fr	EUR	1.216,60	2.162,73	3.379,33
Amazon.es	EUR	1.989,95	3.269,55	5.259,50
Amazon.it	EUR	1.386,68	2.931,71	4.318,39
Amazon.nl	EUR	0,00	0,00	0,00
Amazon.co.jp	JPY	0,00	0,00	0,00
Amazon.in	INR	0,00	0,00	0,00
Amazon.ca	CAD	327,38	439,23	766,61
Amazon.com.br	BRL	41,28	0,00	41,28
Amazon.com.mx	MXN	831,78	0,00	831,78
Amazon.com.au	AUD	289,26	0,00	289,26

Genera report (Cos'è?) ⌄

Come puoi vedere, ho venduto moltissimi libri in lingua Inglese (USA, Inghilterra, Canada, Australia).

1. Al primo posto troviamo gli USA, dove ho generato 14.464,50 dollari (USD) di profitto.

2. A secondo posto l'Inghilterra, dove ho guadagnato 3.141,19 sterline (GBP).

3. Al Terzo posto il Canada, qui ho portato a casa 765,61 dollari canadesi (CAD)

4. Al quarto posto l'Australia, generando 289,26 dollari australiani (AUD)

La somma di tutte queste vendite convertite in euro è di circa **17 mila euro di Royalties in 1 solo mese.**

Ecco perché devi iniziare con questo mercato!

Amazon.es

Questo è il sito di Amazon in lingua Spagnola, molto interessante perché nel mondo ben 510 milioni persone parlano lo Spagnolo, di conseguenza è un ottimo mercato su cui puntare, come puoi vedere da questa immagine è la mia fonte di ricchezza secondaria:

Royalty guadagnate (Cos'è?) ⌄

Mercato	Valuta	Royalty dell'eBook	Royalty della versione cartacea	Royalty complessiva
Amazon.com	USD	5.214,79	9.249,71	14.464,50
Amazon.co.uk	GBP	2.022,73	1.118,46	3.141,19
Amazon.de	EUR	648,36	1.214,50	1.862,86
Amazon.fr	EUR	1.216,60	2.162,73	3.379,33
Amazon.es	EUR	1.989,95	3.269,55	5.259,50
Amazon.it	EUR	1.386,68	2.931,71	4.318,39
Amazon.nl	EUR	0,00	0,00	0,00
Amazon.co.jp	JPY	0,00	0,00	0,00
Amazon.in	INR	0,00	0,00	0,00
Amazon.ca	CAD	327,38	439,23	766,61
Amazon.com.br	BRL	41,28	0,00	41,28
Amazon.com.mx	MXN	831,78	0,00	831,78
Amazon.com.au	AUD	289,26	0,00	289,26

Genera report (Cos'è?) ⌄

Nel solo mese di Gennaio 2021 ho generato delle royalties pari a **5.259,50 Euro.**

www.amazon.it

Secondo molti (principianti che abbiamo qui in Italia) il mercato Italiano è il fanalino di coda di questo business, invece come puoi vedere dai miei introiti mensili, il mercato Italiano è la mia terza fonte di guadagno!

Royalty guadagnate (Cos'è?) ⌄

Mercato	Valuta	Royalty dell'eBook	Royalty della versione cartacea	Royalty complessiva
Amazon.com	USD	5.214,79	9.249,71	14.464,50
Amazon.co.uk	GBP	2.022,73	1.118,46	3.141,19
Amazon.de	EUR	648,36	1.214,50	1.862,86
Amazon.fr	EUR	1.216,60	2.162,73	3.379,33
Amazon.es	EUR	1.989,95	3.269,55	5.259,50
Amazon.it	EUR	1.386,68	2.931,71	4.318,39
Amazon.nl	EUR	0,00	0,00	0,00
Amazon.co.jp	JPY	0,00	0,00	0,00
Amazon.in	INR	0,00	0,00	0,00
Amazon.ca	CAD	327,38	439,23	766,61
Amazon.com.br	BRL	41,28	0,00	41,28
Amazon.com.mx	MXN	831,78	0,00	831,78
Amazon.com.au	AUD	289,26	0,00	289,26

`Genera report` (Cos'è?) ⌄

Nel solo mese di Gennaio 2021 ho generato **4.318,39 euro** di Royalties

www.amazon.fr

Questo è il mercato Francese di Amazon, non è sicuramente tra i più ricchi per i miei gusti:

Royalty guadagnate (Cos'è?) ⌄

Mercato	Valuta	Royalty dell'eBook	Royalty della versione cartacea	Royalty complessiva
Amazon.com	USD	5.214,79	9.249,71	14.464,50
Amazon.co.uk	GBP	2.022,73	1.118,46	3.141,19
Amazon.de	EUR	648,36	1.214,50	1.862,86
Amazon.fr	EUR	1.216,60	2.162,73	3.379,33
Amazon.es	EUR	1.989,95	3.269,55	5.259,50
Amazon.it	EUR	1.386,68	2.931,71	4.318,39
Amazon.nl	EUR	0,00	0,00	0,00
Amazon.co.jp	JPY	0,00	0,00	0,00
Amazon.in	INR	0,00	0,00	0,00
Amazon.ca	CAD	327,38	439,23	766,61
Amazon.com.br	BRL	41,28	0,00	41,28
Amazon.com.mx	MXN	831,78	0,00	831,78
Amazon.com.au	AUD	289,26	0,00	289,26

Genera report (Cos'è?) ⌄

In ogni caso non va assolutamente sottovalutato, infatti attraverso la vendita di libri su questo mercato nel mese di Gennaio 2021 ho portato a casa delle royalties di **3.379,33** euro!

www.amazon.de

Sinceramente non amo questo mercato, infatti come puoi vedere nel mese di Gennaio 2021 ho generato delle royalties pari a **1.862,86 euro**. Nonostante questo è sicuramente un'interessante fonte di guadagno da non sottovalutare, come diceva mia nonna "tutto fa brodo".

Royalty guadagnate (Cos'è?) ∨

Mercato	Valuta	Royalty dell'eBook	Royalty della versione cartacea	Royalty complessiva
Amazon.com	USD	5.214,79	9.249,71	14.464,50
Amazon.co.uk	GBP	2.022,73	1.118,46	3.141,19
Amazon.de	EUR	648,36	1.214,50	1.862,86
Amazon.fr	EUR	1.216,60	2.162,73	3.379,33
Amazon.es	EUR	1.989,95	3.269,55	5.259,50
Amazon.it	EUR	1.386,68	2.931,71	4.318,39
Amazon.nl	EUR	0,00	0,00	0,00
Amazon.co.jp	JPY	0,00	0,00	0,00
Amazon.in	INR	0,00	0,00	0,00
Amazon.ca	CAD	327,38	439,23	766,61
Amazon.com.br	BRL	41,28	0,00	41,28
Amazon.com.mx	MXN	831,78	0,00	831,78
Amazon.com.au	AUD	289,26	0,00	289,26

Genera report (Cos'è?) ∨

Sommando tutti i mercati che ti ho mostrato, ho generato a Gennaio del 2021 **oltre 31 mila euro di royalties**.

Quindi ricapitolando, dovrai iniziare a pubblicare i tuoi libri in lingua inglese, su Amazon.com, solo dopo ti espanderai in altri mercati facendo tradurre i libri in (Spagnolo, Italiano, Francese e Tedesco).

La domanda da 1 milione di dollari:

"Roy, ma io non parlo l'inglese!"

Tantissime persone mi chiedono:

"Roy io non parlo bene l'inglese, posso entrare ugualmente in questo business?"

La risposta è ASSOLUTAMENTE SI!

Per il semplice motivo che non dovrai essere tu a scrivere il libro, ma sarà uno scrittore professionista a farlo per te.

All'interno del mio video corso **"Self Publishing MILLIONAIRE",** ho inserito dei modelli rapidi (già pronti all'uso) da inviare ai freelancers per commissionare la creazione dei tuoi libri a 360 gradi.

Per acquistare il corso o ricevere assistenza vai sulla pagina ufficiale:

www.selfpublishingmillionaire.com

Per motivi didattici sarebbe stato impossibile inserire tutti i modelli all'interno di questo libro, perché ogni modello di scrittura è accompagnato da un video che spiegata tutto il procedimento step by step da adottare.

Ma non preoccuparti, nei prossimi capitoli ti mostrerò quali sono le linee guida di base, che ti permetteranno di commissionare la creazione dei tuoi libri ad uno scrittore professionista e agli altri freelancers che ti serviranno per portare termine un lavoro di grande qualità (anche se non conosci l'inglese).

Per chi ancora non l'avesse capito, questo è un business estremamente serio, non è la solita storia del tipo "diventa ricco con il network marketing" oppure "diventa ricco con le cryptovalute".

Qui si parla di lavorare con Amazon, il colosso numero 1 al mondo dell'e-commerce!

Adesso voglio darti un consiglio che ti cambierà la vita:

Accantona tutti quei progetti che ti hanno portato via mesi ed anni senza farti raggiungere guadagni importanti e concentrati solo ed esclusivamente su questo settore.

Ti garantisco che se ti impegnerai e applicherai nella maniera corretta le informazioni che stai apprendendo in questo libro, allora stanne certo che i risultati arriveranno, e con essi anche delle grosse soddisfazioni economiche (a prescindere se hai 18, 28, 40 o 60 anni), non è mai troppo tardi per cambiare in meglio la propria vita!

Do you understand?

Bene, andiamo avanti!

Successo VS Mediocrità: La mia Paura più GRANDE!

Sai qual è la mia paura più grande?

Quella che dopo aver letto questo libro, finirai per riporlo da qualche parte a prendere polvere.

Per favore, non comportarti come la massa di persone mediocri che passano subito a leggere altri libri o a studiare altri corsi (senza mai applicare realmente le informazioni apprese).

Questa è la regola più importante se vuoi fare seriamente Business, mettitelo bene in testa!

Altrimenti finirai per passare anni e anni della tua vita a studiare corsi o a leggere libri senza mai iniziare concretamente il tuo business, io definisco questa situazione come **"sindrome da eterno studente"**.

Devo ammetterlo, anch'io per un po' di tempo sono caduto in questa malvagia trappola, purtroppo il 99% di chi vende formazione **ha come obiettivo quello di renderti un eterno studente**, vogliono farti sentire come se ti mancasse perennemente quel dannato tassello per completare il puzzle.

...E proprio quel tassello che ti manca "casualmente" lo trovi nei loro costosi corsi!

Poi vai a fare il loro corso e indovina un po' cosa accade?

Esatto, ti portano a pensare che ti manca un ulteriore tassello, proponendoti un altro corso ancora più costoso senza che ci sia mai una fine...

...E intanto loro si arricchiscono!

I mediocri continuano a cercare continuamente nuove opportunità di business, senza mai iniziarne uno!

Le persone di Successo studiano un modello di business e lo mettono Subito in pratica con dedizione, fin quando non raggiungono la Ricchezza desiderata!

E allora mi raccomando…non far passare del tempo prezioso, non procrastinare, applica subito quello che ti insegno e inizia a creare la tua ricchezza il prima possibile!

Ricordati che la vita è una sola, il tempo passa velocemente, gli anni aumentano e ti garantisco che più del 85% delle persone finisce per vivere una vita che "gli sta parecchio stretta"…

Tornando a noi, adesso ti mostrerò i primissimi passaggi tecnici (necessari per entrare in questo business) più alcune informazioni chiave del tipo "serve o non serve la partita iva per iniziare?"

Ti mostrerò tutto questo nel prossimo capitolo.

CAPITOLO 7

Ecco come Registrarsi a KDP + qualche dritta sulla Partita Iva e altre chicche interessanti!

Registrazione KDP

Per iniziare a vendere i tuoi libri su Amazon per prima cosa ti serve un account su KDP, per farlo ti basterà andare sul sito **kdp.amazon.com** e registrarti.

Se hai già un account Amazon puoi utilizzare gli stessi dati per accedere.

Raggiungi milioni di lettori su Amazon autopubblicando i tuoi eBook e libri cartacei gratuitamente con Kindle Direct Publishing.

A questo punto dovrai semplicemente compilare tutte le voci di registrazione inserendo i tuoi dati come il nome, il cognome, codice fiscale o partita iva, l'iban per ricevere i pagamenti ecc.

Come metodo di pagamento per ricevere le tue royalties puoi scegliere assegno oppure bonifico. Io ti consiglio assolutamente il bonifico, in quanto è molto più semplice da gestire.

Praticamente ogni 60 giorni esatti "come un orologio svizzero", Amazon ti invierà il tuo bonifico!

Come Iban puoi utilizzare tranquillamente una Postepay Evolution o qualsiasi altra carta che abbia un Iban associato.

È possibile iniziare senza Partita Iva?

In moltissimi mi fanno questa domanda.

La risposta è Sì, puoi iniziare questo business anche senza partita iva, ovviamente entro una certa soglia di fatturato annuo (circa 5000 euro), poi dovrai aprire necessariamente una partita iva, ma ben venga perché vuol dire che stai andando forte!

Inoltre stiamo parlando di libri e di conseguenza ci sono delle **agevolazioni fiscali molto interessanti, dovute al famoso diritto d'autore.**

Per gli studenti del mio corso avanzato "Self Publishing MILLIONAIRE", metto a disposizione il mio commercialista privato, (specializzato in questo settore) per una consulenza **GRATUITA dal valore di 150 euro**, in cui ti rivelerà tutte le dritte fiscali necessarie per iniziare a lavorare all'interno di questo business!

Ti ricordo che per acquistare il corso o richiedere assistenza vai sul sito ufficiale:

www.selfpublishingmillionaire.com

Ti assicuro che trovare un commercialista che ne capisca di business online è come trovare un ago in un pagliaio (te lo dico per esperienza diretta, vissuta sulla mia pelle). Si tratta di un asset di estrema importanza per la tua attività, sarà il tuo miglior alleato per gestire al meglio i tuoi incassi e pagare meno tasse possibili in modo onesto e legale

Quanti soldi mi servono per partire?

Come ti ho accennato nel precedente capitolo, è decisamente più economico e profittevole commissionare la creazione del tuo libro in lingua Inglese piuttosto che in Italiano.

Quindi devi iniziare assolutamente pubblicando il tuo primo libro in lingua Inglese (su amazon.com), soltanto in un secondo momento lo farai tradurre anche in altre lingue.

Quanto tempo serve per guadagnare i primi 1000 euro?

Fare i tuoi primi 1000 euro è molto più semplice di quello che tu possa immaginare, potrebbero bastarti solamente 3 libri per portarti in tasca questo profitto ogni mese.

Io ho oltre 200 libri pubblicati, il bello è che più soldi guadagni e più potrai permetterti di investirne per far esplodere il tuo business, solitamente utilizzo come regola quella di reinvestire il 25% dei miei profitti mensili in altri libri accelerando così la crescita del business ad effetto "palla di neve".

Hai presente quando crei una palla di neve e la fai rotolare giù per una montagna nevosa, questa tenderà ad essere sempre più grande, fino a diventare enorme!

Ecco questa è la stessa cosa che faccio io, più soldi guadagno e più ne investo nuovamente per delegare la creazione di altri libri!

Nel prossimo capitolo ti svelerò un elemento essenziale per ottenere il successo economico attraverso l'autopubblicazione su Amazon, sto parlando degli argomenti che dovranno trattare i tuoi libri...

...Ti farò vedere come alcuni argomenti venderanno tantissimo, mentre altri invece dovrai evitarli come la peste!

CAPITOLO 8

Come Selezionare gli Argomenti Migliori per i tuoi Libri e quali Evitare!

Le nicchie da evitare come la peste!

L'argomento del libro (in gergo nicchia) è di vitale importanza, infatti è necessario fare una ricerca di mercato prima ancora di commissionare la creazione del tuo libro allo scrittore (tra poco ti mostrerò esattamente come fare).

Fatta questa premessa, posso dirti con estrema certezza che ci sono alcuni argomenti che devi assolutamente evitare, per il semplice fatto che NON hanno mercato!

Mi riferiscono a tutti quegli argomenti racchiusi nella categoria "FICTION", come ad esempio racconti, saggi, poesie, autobiografie.

Questo genere di tematiche "vendono bene" solo se l'autore del libro è un personaggio importante, pensa all'autobiografia di un cantante famoso, alla storia di un calciatore, o ancora ad un racconto del grande scrittore Stephen King.

Quindi scarta immediatamente questo genere di libri. Chiaro?

Adesso invece ti mostrerò gli argomenti migliori su cui puntare!

Le migliori nicchie per generare Ricchezza!

Esistono degli argomenti (o nicchie) che rispondono alla domanda di mercato che i lettori stanno cercando.

Mi spiego meglio.

Sono certo che più volte nella tua vita hai cercato su Google o su Youtube qualche tutorial per rispondere alle tue domande, del tipo:

- Come dimagrire

- Come viaggiare low cost

- Come scegliere il giusto taglio di capelli

Questi sono solamente alcune delle migliaia di esempi che potrei farti, se ci fai caso quando cerchi queste informazioni non vai solitamente ad indagare sul giornalista, blogger o youtuber in questione.

Semplicemente cerchi una soluzione al tuo problema, se ti ritieni soddisfatto terminerai la tua ricerca, se invece vuoi saperne ancora di più, allora andrai avanti cercando un altro tutorial.

Come puoi vedere qui vince l'informazione più che l'importanza dell'autore, cosa che invece non accade nelle FICTION, dove l'autore è una parte fondamentale del libro!

Proprio per questo tutti i miei libri sono focalizzati nella macro categoria delle "Non Fiction".

Tra le migliori nicchie di argomenti su cui puntare (appartenenti alla categoria delle Non Fiction) ecco elencate le migliori:

- Business

- Investimenti

- Parlare in pubblico

- Gestione dell'ansia e dello stress

- Yoga

- Diete

- Cucina

Esistono tante altre nicchie di argomenti validi, ma queste sono decisamente le migliori per iniziare a costruire "mattone dopo mattone" la tua Ricchezza attraverso il business del Self Publishing.

Nel prossimo capitolo ti mostrerò **l'immenso potere del titolo e del sottotitolo**, questi 2 elementi da soli ne decreteranno il successo o il fallimento del tuo libro!

Seguimi…

Capitolo 9

Come creare un Titolo e un Sottotitolo che faranno

Stra-vendere il tuo libro

Il Titolo è un'arma molto potente

Conosci la famosa frase di Clint Eastwood nel film "per un pugno di dollari"?

Quando un uomo con una pistola, incontra un uomo con un fucile, l'uomo con la pistola ...

... è un uomo morto !!!

Biondo

Clint Eastwood - Per un pugno di dollari

Questo è un esempio calzante che si adatta perfettamente al business del Self Publishing:

"Quando un libro con un bel titolo incontra un libro con un brutto titolo, il libro con un brutto titolo...

...è un libro morto!!!"

Ti assicuro che puoi avere un contenuto bellissimo all'interno del tuo libro, ma se il titolo fa schifo allora in pochi lo compreranno!

Ho visto molti libri con contenuti di grande interesse vendere pochissimo solo ed esclusivamente per colpa di un brutto titolo, di contro ho visto libri orrendi vendere benissimo per il semplice fatto di aver azzeccato il titolo perfetto!

SOLAMENTE DAL TITOLO DIPENDE IL 45% DEL SUCCESSO DEL TUO LIBRO...

E allora come creare un titolo perfetto?

All'interno del mio corso **"Self Publishing MILLIONAIRE"** ho dedicato parecchie video lezioni (molto dettagliate) riguardanti questo delicato argomento, spiego anche come utilizzare un software che ti aiuterà tantissimo a scovare dei titoli performanti per far esplodere le vendite dei tuoi libri.

In questo caso non trattandosi di un video corso di tante ore, ma di un libro, ho solamente lo strumento della scrittura come arma a mia disposizione...

...Ma farò del mio meglio per trasmetterti quelle nozioni di base che ti permetteranno di individuare dei titoli "azzeccati" per generare delle vendite costanti attraverso i tuoi libri!

Un tuo potente alleato sarà il BSR, vediamo subito di cosa si tratta...

Introduzione al BSR

Per trovare un titolo perfetto è necessario che tu conosca il concetto di BSR acronimo di "Best Sellers Rank". Si tratta semplicemente di un numero che viene assegnato ad ogni libro da Amazon in base alle vendite che questo genera ogni giorno.

Più questo numero è basso e maggiore sarà il numero di copie vendute ogni singolo giorno da quel determinato libro.

Parti dal presupposto che un numero che si aggira intorno ai 100.000 di BSR vuol dire che il libro in questione vende circa 1 copia al giorno, andando sul concreto, questa è una tabella che traduce il numero di BSR in numero di vendite giornaliere.

BSR 15.000	14 copie al giorno vendute
BSR 25.000	11 copie al giorno vendute
BSR 35.000	9 copie al giorno vendute
BSR 45.000	6 copie al giorno vendute
BSR 55.00	5 copie al giorno vendute
BSR 75.000	3 copie al giorno vendute
BSR 90.000	2 copie al giorno vendute
BSR 100.000	1 copia al giorno venduta

BSR Sopra i 100.000	Meno di una copia al giorno venduta

Per il momento voglio che assimili solamente questo concetto. Nel prossimo paragrafo capirai perché è così importante per te conoscere il BSR e come utilizzare questa leva a tuo favore.

Ecco Come trovare un titolo perfetto!

Supponiamo che vuoi realizzare un libro sul business, la prima cosa da fare è quella di andare sul sito di **amazon.com** nella categoria **"Kindle Store"**.

A questo punto, posizionati sulla riga di ricerca e digita la parola "business" e dai uno spazio con la barra spaziatrice, come nell'esempio di questa immagine:

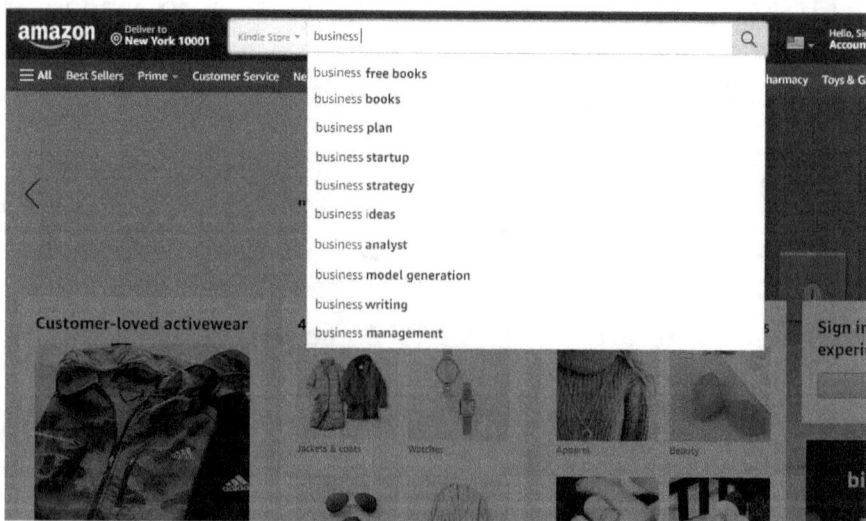

Come puoi vedere, compariranno automaticamente tante parole chiave (chiamate in gergo "keywords"), queste saranno come oro colato per la realizzazione del tuo titolo.

(Occhi aperti, qui sto per darti una dritta che da sola vale almeno 200 euro!)

Tutte queste parole che ti sono apparse sono le più ricercate dagli utenti che navigano su amazon.com e sai che significa questo?

Vuol dire che hai appena scoperto tutti gli argomenti inerenti alla parola "business" che le persone stanno cercando **e che sono disposte a pagare** per ricevere queste informazioni!

La lista che vedi cambia in continuazione, a seconda del trend di quel determinato periodo di tempo.

Adesso analizziamo queste "keywords" che sono comparse:

- Business free books

- Business books

- Business plan

- Business startup

- Business strategy

- Business ideas

- Business analyst

- Business model generation

- Business writing

- Business management

Osservando queste parole possiamo escludere subito le prime 2, ovvero business free books (libri di business gratis) e business books (libri di business) semplicemente perché non sono degli argomenti veri e propri, ma delle ricerche molto generiche.

Invece, tutti gli altri suggerimenti di ricerca appartengono ad argomenti di business ben definiti, prendiamo come esempio la terza parola "Business plan".

Praticamente questa gente sta cercando di comprare un libro dove poter studiare "come si realizza un business plan".

E indovina quale sarà un possibile titolo vincente per il tuo libro?

BUSINESS PLAN

Si esatto, solamente "BUSINESS PLAN" e sai perché?

La risposta è semplice:

Quando un potenziale cliente scriverà questa keyword su amazon.com il tuo libro apparirà tra i primi risultati, perché è esattamente ciò che l'utente sta cercando e l'algoritmo di Amazon ti favorirà all'interno del suo motore di ricerca!

Anche la parola chiave seguente "Business startup" potrebbe essere un altro buon titolo per crearci un libro sopra, come vedi basta cercare, le idee non mancano di certo.

La prova del 9 per scovare un titolo che genera profitti!

Ti ho appena mostrato come trovare delle idee per realizzare un titolo perfetto per il tuo libro, attraverso i suggerimenti della barra di ricerca Amazon.

Adesso però è necessario selezionare il migliore in assoluto tra tutti quelli apparsi, infatti non è detto che vadano tutti bene.

Qui entra in gioco ufficialmente il concetto di **"BSR"** che ti ho accennato nel paragrafo precedente!

Per scoprire quale tra questi suggerimenti è il miglior titolo da dare al tuo libro, dovrai analizzare la lista keywords vista nell'esempio precedente.

- ~~Business free books~~

- ~~Business books~~

- Business plan

- Business startup

- Business strategy

- Business ideas

- Business analyst

- Business model generation

- Business writing

- Business management

Come ti ho anticipato prima, elimina immediatamente le prime 2 keywords in quanto sono argomenti generici.

Adesso dovrai digitare "una alla volta" tutte queste parole sulla barra di ricerca Amazon e analizzarle singolarmente.

Iniziamo con la prima "Business plan" e vediamo subito se potrebbe andare bene oppure no!

Ecco i risultati di ricerca che compaiono digitando la keyword "Business plan":

Come puoi vedere dall'immagine, ho evidenziato i risultati di ricerca con la scritta "sponsored" perché **si tratta di pubblicità**, praticamente per stare lì sopra in bella vista, gli autori di questi libri pagano Amazon, a noi invece interessano solo i risultati organici, quelli che stanno in alto senza pagare nulla!

Eccoli qui:

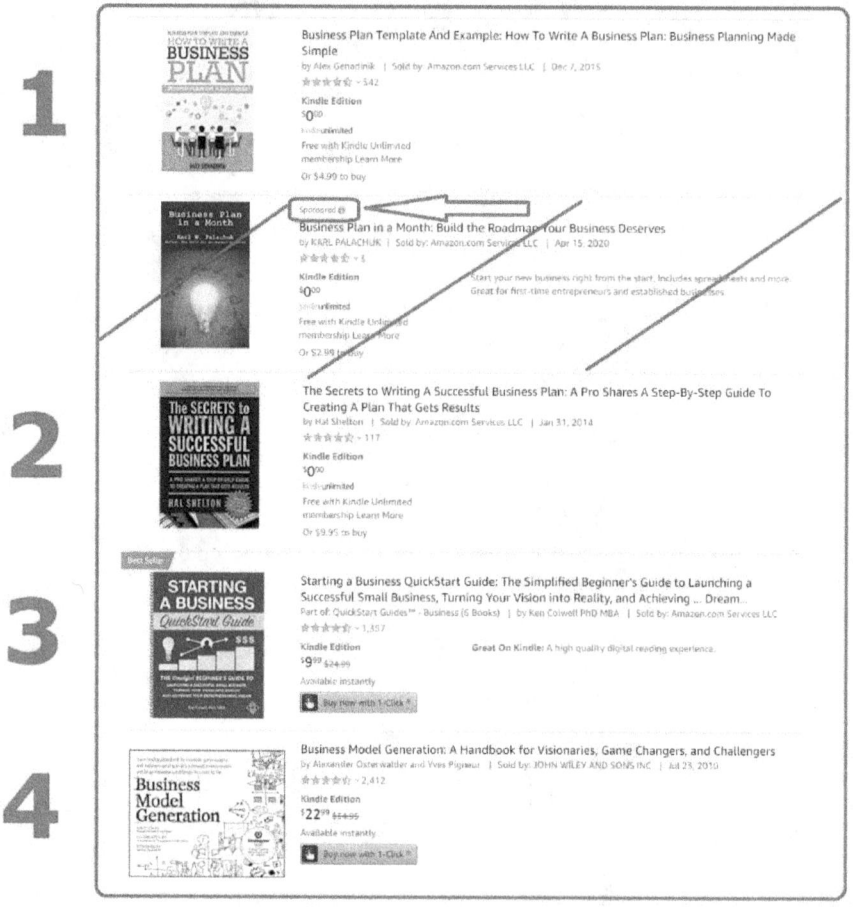

Adesso dovrai segnare su un foglio elettronico, o direttamente con carta e penna il famoso BSR!

Andiamo subito alla parte pratica e iniziamo con il libro numero 1:

Per trovare invece il BSR ti basterà cliccare sul libro e scorrere in basso (come da immagine qui sotto).

In questo caso il numero è 14.436 (aggiungerei molto positivo), se vai a consultare la tabella che ti ho mostrato prima, si tratta di circa 15 copie vendute al giorno.

Product details

File Size: 1642 KB
Print Length: 177 pages
Publisher: Semantic Valley LLC; 5 edition (December 7, 2015)
Publication Date: December 7, 2015
Sold by: Amazon.com Services LLC
Language: English
ASIN: B0193L53IU
Text-to-Speech: Enabled
X-Ray:
Enabled
Word Wise: Enabled
Lending: Not Enabled
Enhanced Typesetting: Enabled
Amazon Best Sellers Rank: #14,436 Paid in Kindle Store (See Top 100 Paid in Kindle Store)
  #4 in Business Planning & Forecasting (Books)
  #7 in Business Writing Skills (Kindle Store)
  #1 in Business Planning & Forecasting (Kindle Store)

Would you like to tell us about a lower price? ˅

Andiamo avanti con il libro numero 2:

Product details

File Size: 31838 KB
Print Length: 320 pages
Simultaneous Device Usage: Unlimited
Publisher: Summit Valley Press; 2 edition (January 31, 2014)
Publication Date: January 31, 2014
Sold by: Amazon.com Services LLC
Language: English
ASIN: B00I6S87LW
Text-to-Speech: Enabled
X-Ray:
Not Enabled
Word Wise: Enabled
Lending: Not Enabled
Screen Reader: Supported
Enhanced Typesetting: Enabled
Amazon Best Sellers Rank: #95,207 Paid in Kindle Store (See Top 100 Paid in Kindle Store)
   #239 in Entrepreneurship (Kindle Store)
   #75 in Starting a Business
   #80 in Small Business

Would you like to **tell us about a lower price?** ⌄

In questo caso il BSR è di 95.207 significa che questo libro vende almeno 1 copia al giorno!

Passiamo al terzo libro:

Product details

File Size: 13632 KB
Print Length: 400 pages
Publisher: ClydeBank Media LLC; 1 edition (February 24, 2019)
Publication Date: February 24, 2019
Sold by: Amazon.com Services LLC
Language: English
ASIN: B07P1QTM2P
Text-to-Speech: Enabled
X-Ray:
Enabled
Word Wise: Enabled
Lending: Not Enabled
Enhanced Typesetting: Enabled
Amazon Best Sellers Rank: #25,033 Paid in Kindle Store (See Top 100 Paid in Kindle Store)
#3 in Business School Guides (Kindle Store)
#3 in Business Health & Stress
#2 in Distribution & Warehouse Management (Kindle Store)

Questo libro ha un BSR di 25.033, tradotto significa che vende circa 11 copie al giorno, davvero molto buono!

Vediamo adesso l'ultimo libro, ovvero il numero 4:

Product details

File Size: 109882 KB
Print Length: 288 pages
Publisher: Wiley; 1 edition (July 23, 2010)
Publication Date: July 23, 2010
Sold by: Amazon.com Services LLC
Language: English
ASIN: B06X426D4F
Text-to-Speech: Not enabled ☑
X-Ray:
Not Enabled ☑
Word Wise: Not Enabled
Lending: Not Enabled
Enhanced Typesetting: Not Enabled ☑
Amazon Best Sellers Rank: #25,881 Paid in Kindle Store (See Top 100 Paid in Kindle Store)
    #59 in Systems & Planning
    #11 in Business Systems & Planning
    #52 in Strategic Business Planning

Ecco le conclusioni che possiamo trarre dalla keyword "Business Plan" che abbiamo analizzato:

I primi 4 libri sono tutti positivi, alcuni di questi vendono addirittura più di 10 copie al giorno, solo uno vende un pochino meno (1 o 2 copie al giorno) che comunque non è assolutamente male!

La regola è questa:

Tutti i primi 4 libri che compaiono in alto nella ricerca organica devono avere un BSR pari o inferiore a 100.000 questa sarà un ulteriore prova che la keyword è profittevole e genera vendite con costanza ogni singolo giorno.

Come creare un buon sottotitolo che spinga le vendite del tuo libro

Un buon sottotitolo ti aiuterà a massimizzare i profitti delle vendite derivanti dal tuo libro, esistono tante teorie (spesso contrapposte) su questo argomento, ma sicuramente una delle più semplici e anche delle più efficaci è **la tecnica dell'esplosione dei benefici!**

Adesso la metterò subito in pratica, supponiamo come esempio che il titolo del libro che abbiamo scelto è il seguente:

"Business Plan"

Un ottimo sottotitolo applicando la tecnica dell'esplosione dei benefici, potrebbe essere questo:

"Come progettare un business plan efficace per creare un'azienda milionaria e vivere felice!"

Il messaggio è semplice ma al contempo molto diretto!

Come vedi ho inserito il beneficio principale **che parla al cuore** di chi vuole progettare un'azienda di successo, ovvero quella di renderla Milionaria.

Subito dopo ho esteso il beneficio all'interno della vita del potenziale lettore con le parole **"vivere felice"**.

…E il gioco è fatto!

A questo punto se conosci l'inglese puoi tradurre il sottotitolo da solo, se invece non sei molto bravo con questa lingua, semplicemente chiedi una cortesia a qualcuno che mastica l'inglese…

…Se invece entrerai a far parte del mio corso "Self Publishing MILLIONAIRE", allora riceverai i contatti diretti dei miei traduttori professionisti che per una manciata di spiccioli tradurranno il tuo sottotitolo in maniera iper professionale!

Per acquistare o ricevere assistenza vai sul sito ufficiale del corso:

www.selfpublishingmillionaire.com

Tornando a noi, ti sconsiglio di utilizzare "Google Traduttore" perché in molti casi potrebbe cambiare il senso della frase, quindi evita questa alternativa!

A questo punto abbiamo trovato un Titolo profittevole e un Sottotitolo che parla al cuore del lettore:

Business Plan

How to design an effective business plan, create a millionaire company and live happily!

Fantastico, vero?

Molto bene, hai appena scoperto quali sono le tecniche di base per creare un titolo e un sottotitolo efficace. Nel prossimo paragrafo ti parlerò di un argomento molto interessante, ossia "lo Pseudonimo".

L'importanza Strategica dello Pseudonimo e la Strategia "dell'Argomento"

Ogni libro per essere pubblicato deve contenere necessariamente il nome dell'autore, ecco che qui si presentano due possibili alternative su cui puntare:

1. Utilizzare il tuo vero nome e cognome

2. Utilizzare uno Pseudonimo (un nome di fantasia)

Entrambe queste alternative sono perfettamente legali, infatti come vedremo nel prossimo capitolo, una volta che lo scrittore da te assunto ti consegnerà il lavoro, tu diventerai il proprietario a pieni poteri del manoscritto!

Ora magari ti starai chiedendo:

"Roy, ma tu cosa mi consigli di utilizzare nei mieli libri, il mio nome e cognome reale o uno pseudonimo di fantasia?"

Ti consiglio di utilizzare assolutamente uno pseudonimo di fantasia!

Considera che ad oggi ho pubblicato oltre 200 libri su Amazon, ma solamente quello che stai leggendo in questo momento (La Bibbia della Ricchezza) riporta il mio vero nome e cognome "Roy Consolino".

In questo caso dovevo assolutamente utilizzare il mio vero nome, per semplice fatto che ho scritto questo libro con lo scopo di diffondere le mie competenze di business, creando autorità sulla mia persona…

…E come hai potuto vedere oltre alle belle parole ti sto mostrando anche i fatti, ovvero i miei fatturati e le mie strategie per entrare in maniera vincente all'interno di questo business!

Tornando a noi, per i tuoi libri utilizza SEMPRE uno pseudonimo.

Un buon modo per iniziare è quello di **utilizzare uno pseudonimo diverso per ogni argomento**, ti faccio un esempio con dei nomi casuali:

Argomento Business: Pseudonimo-> Martin Brown

Argomento Dieta: Pseudonimo-> Frank Austin

Argomento Yoga: Pseudonimo-> Luis Di Stefano

In questo modo andrai a creare un Brand per ogni argomento, magari produrrai 12 libri che parlano di business tutti a nome di Martin Brown, poi ne crei altri 9 sulla dieta a nome di Frank Austin e così via.

Chiara l'idea?

Immagina se tutti i miei libri riportassero sulla copertina il nome autore "Roy Consolino", praticamente Amazon sarebbe piena di libri a mio nome su vari argomenti completamenti scollegati tra loro (come il business e la dieta), sarebbe un vero casino!

Quella che ti ho appena mostrato è una strategia che puoi utilizzare se stai iniziando da zero, nel mio corso "Self Publishing MILLIONAIRE" ti mostro una strategia più avanzata su come utilizzare strategicamente gli pseudonimi.

Ricapitolando per iniziare correttamente la regola è questa:

Utilizza uno Pseudonimo per ogni Argomento!

Molto bene, adesso passiamo alla roba che scotta, al cuore pulsante di questo business…

…Nel prossimo capitolo ti spiegherò come commissionare **la creazione** vera e propria del tuo libro ad uno scrittore professionista!

Buon proseguimento di lettura

CAPITOLO 10

Come delegare la Scrittura del tuo libro ad uno Scrittore Professionista!

L'importanza della figura del "Ghostwriter" per il tuo Business!

Su internet ci sono tanti Ghostwriters, come ti ho accennato in precedenza, si tratta di scrittori che su tua commissione (e ovviamente in cambio di un pagamento), scriveranno un libro per te.

Se riesci a beccare uno scrittore professionista ad un buon prezzo, puoi portare a casa un libro di alto livello con una cifra che si aggira intorno ai 350 dollari.

Io ormai per via della mia lunga esperienza in questo business, ho creato degli ottimi rapporti con molti scrittori professionisti…

…infatti se deciderai di accedere all'interno del mio corso avanzato "Self Publishing MILLIONAIRE", allora ti cederò questi **contatti** per semplificarti incredibilmente tutto il lavoro di creazione del libro, riceverai infatti **l'accesso ad una mia piattaforma proprietaria che ti consentirà di metterti in contatto diretto con i miei collaborati!**

Per acquistare il corso o semplicemente se vuoi pormi eventuali domande vai sul mio sito ufficiale:

www.selfpublishingmillionaire.com

Se invece vuoi fare tutto da solo, allora un buon modo per partire è quello di delegare la scrittura del libro a ewritersolutions.com, questa è l'interfaccia del loro sito:

------------- Why choose E Writer Solutions? ---------------

Si tratta di una compagnia di scrittura specializzata nella creazione di libri su misura, secondo quelle che sono le tue specifiche richieste.

Non è sicuramente il massimo (in rapporto qualità/prezzo) rispetto ad avere degli scrittori privati, ma sicuramente è un buon modo per entrare in questo business:

Quando deleghi ad uno scrittore la creazione del tuo libro, le linee guida da rispettare sono le seguenti:

1. Contatti lo scrittore (in questo caso il sito di ewritersolutions.com)

2. Scrivi il titolo e il sottotitolo che vuoi dare al tuo libro

3. Scrivi gli argomenti che vuoi inserire nel tuo libro

4. Dovrai dirgli anche quante parole dovrà contenere il tuo libro (il mio consiglio è quello di inserire almeno13 mila parole, ovviamente più parole vuoi e più ti costerà il libro).

5. A questo punto dovrai pagare con Paypal o con qualunque tipo di carta.

6. Tutto fatto, adesso attenderai la consegna del tuo libro, solitamente passano circa 20 giorni (dipende dalla lunghezza del lavoro).

7. Trascorso questo periodo, riceverai il tuo libro in doppia versione, Word per pubblicare il formato Kindle eBook e PDF per pubblicare il formato cartaceo (non preoccuparti, più avanti ti mostrerò "step by step" come pubblicare il tuo libro).

Dal momento in cui lo scrittore ti consegna il manoscritto, **questo diventerà al 100% di tua proprietà**, praticamente ti consegnerà tutti i suoi diritti d'autore, proprio per questo motivo vengono chiamati ghostwriters (scrittori fantasma).

Tu li paghi e il lavoro diventa tuo. Fine!

Non Azzardarti a Scrivere i tuoi Libri da Solo!

Se ti sta frullando in testa l'idea di scrivere il tuo libro da solo, ti consiglio di scacciare velocemente questo brutto pensiero.

Devi ragionare come un imprenditore e non come un dilettante, scrivere il libro da solo ti costerà almeno 1-2 mesi di tempo oltre a provocarti numerosi mal di testa (e con molte probabilità ne uscirà fuori un lavoro di scarsa qualità).

Come ti dicevo prima, tra i miei oltre 200 libri che pubblicati, **questo è il primo che sto scrivendo con le mie mani,** avrei voluto delegarlo per evitare di stare 3 mesi su una tastiera per 4 ore al giorno…

...ma purtroppo nessuno conosce il Self Publishing meglio di me e di conseguenza sentivo il dovere metterci assolutamente la faccia per diffondere questo business strategico nel panorama Italiano!

Tonando a noi, cosa fare quindi per avere successo con il Self Publishing?

Esatto, DELEGA SEMPRE la scrittura dei tuoi libri ad un ghostwriter professionista!

Molto bene, adesso abbiamo quasi tutti pezzi del puzzle al completo, nel prossimo capitolo ti mostrerò l'ultimo tassello che ti manca prima di poter pubblicare il tuo libro, si tratta di un pezzo super importante!

...Mi riferisco alla copertina!

CAPITOLO 11

In questo business "l'abito fa il monaco"

...E la copertina sarà l'abito del tuo libro!

Ecco perché devi avere una copertina accattivante

Qualche capitolo fa, ti ho parlato dell'importanza strategica del titolo, bene la copertina sarà la seconda colonna portante del tuo libro, dovrà essere di estrema qualità!

Quando un utente cerca un determinato argomento su Amazon, oltre a vedere il tuo libro, molto probabilmente visionerà anche quelli dei tuoi concorrenti...

...e indovina un po' qual è il fattore principale che lo spingerà a comprare il tuo libro anziché quello di un altro venditore?

Esatto, proprio la copertina!

Per farti capire al meglio l'importanza di quello che sto dicendo, ti farò un esempio:

Immagina la copertina di un libro come le fondamenta di un castello:

Se queste sono robuste e fortificate, allora tutta la struttura rimarrà in piedi per millenni senza alcun problema, se invece queste sono deboli e piene di crepe, allora molto probabilmente tutta la struttura rischierà seriamente di crollare giù, proprio come un castello realizzato con delle carte da gioco!

Se intendi realizzare un libro di Successo (che venda molte copie nell'arco degli anni), allora devi assolutamente puntare su una copertina di altissima qualità.

In parole spicciole, la vendita di un libro dipende in percentuale da questi fattori qui:

- 45% Titolo e Sottotitolo

- 35% Copertina

- 20% Qualità del contenuto

Come vedi, titolo e sottotitolo + copertina, da soli decreteranno l'80% del successo del tuo libro!

Come NON DEVE Essere la Tua Copertina

Cercando su amazon.com l'argomento "FOREX TRADING", ho trovato tantissime copertine.

Inizierò con il mostrarti quelle "brutte" che secondo la mia esperienza, ti garantisco avranno grosse difficoltà a vendere:

Come vedi questa copertina è molto confusionaria, lo sfondo si confonde con la scrittura, creando un vero e proprio pasticcio.

Il secondo punto di debolezza che noto, è la mancanza di una grafica accattivante, vedo solamente una strana fantasia che non comunica nulla.

BOCCIATA!

Andiamo avanti:

Anche questa copertina non è certamente il massimo della bellezza, si percepisce subito molta confusione tra il testo e lo sfondo. Nel complesso, tutti questi elementi presenti rendono la copertina bella come "un pugno su un occhio".

BOCCIATA!

Ecco Come DEVE Essere la Tua Copertina

Una copertina per potersi definire accattivante deve immediatamente catturare l'attenzione dell'utente che naviga su Amazon!

Ti faccio subito qualche esempio vincente, rimanendo sempre sul tema "FOREX TRADING":

Come puoi vedere, questa è una copertina molto pulita e composta, si percepisce immediatamente l'argomento che tratta il libro, in basso c'è una grafica molto bella con dei candelotti raffigurati (tipici del Forex).

PROMOSSA!

Vediamo ancora un altro esempio:

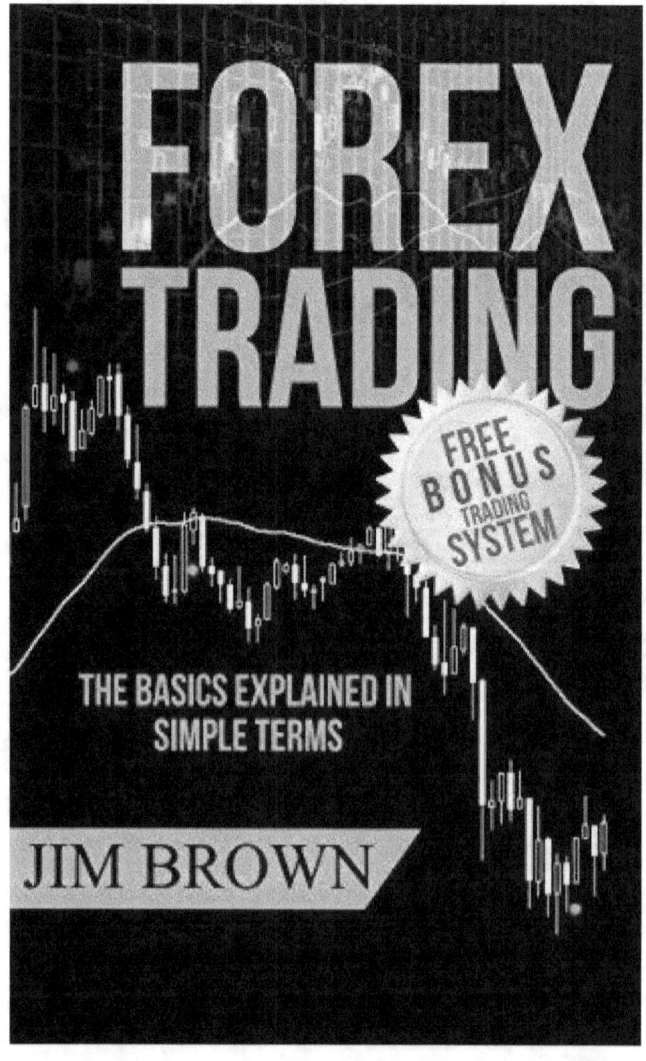

Questa è davvero stupenda, mi piace tantissimo, anche qui si percepisce subito l'argomento "FOREX TRADING". I colori sono molto belli con una combo predominante di Nero e Oro.

PROMOSSA!

Come hai potuto vedere ti ho mostrato in totale 4 copertine, 2 molto brutte e 2 davvero molto belle.

Questi 4 libri ti garantisco che trattano lo stesso argomento e chissà...

...magari quelli con la copertina più brutta avranno anche dei contenuti più interessanti, ma la dura realtà del mercato è che non venderanno MAI E POI MAI allo stesso modo degli altri 2 libri con le copertine accattivanti!

Adesso è chiaro il concetto sull'importanza della copertina?

Molto bene, vediamo subito come e a chi delegare la creazione delle tue copertine!

Come Commissionare la Creazione di una Copertina che VENDE!

Trovare un designer con un ottimo rapporto qualità/prezzo è di vitale importanza.

Nel corso di tutti gli anni vissuti all'interno di questo business, ho scoperto molti designer professionisti capaci di realizzare copertine meravigliose che attirano (in maniera pazzesca) l'attenzione dei potenziali clienti!

Come puoi già immaginare, qualora decidessi di acquistare il mio corso avanzato "Self Publishing MILLIONAIRE" troverai serviti su un piatto d'argento **TUTTI i contatti diretti dei miei collaboratori personali**, inclusi i miei designers professionisti!

Per acquistare il corso o semplicemente se vuoi pormi eventuali domande vai su:

www.selfpublishingmillionaire.com

Se invece vuoi iniziare da solo, un sito in cui trovi molti freelancers che fanno questo genere di lavoro è fiverr.com:

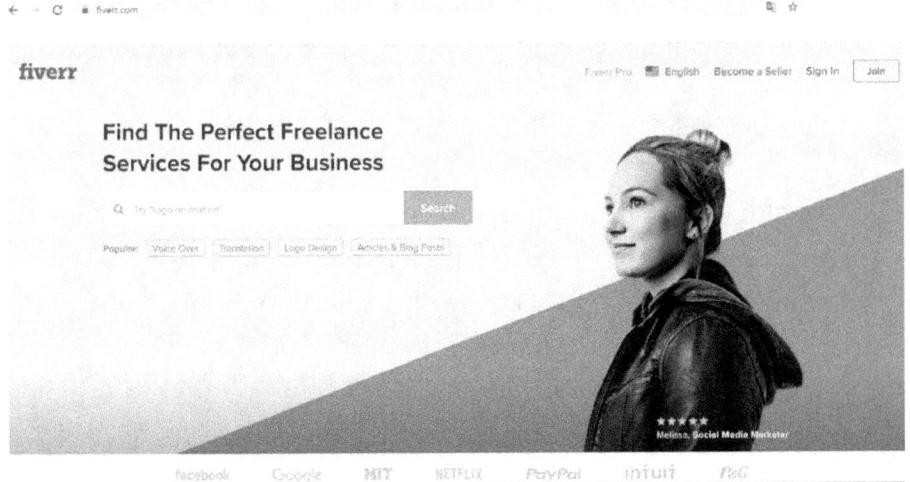

Basta che scrivi sulla barra di ricerca "cover designer" e ti appariranno tantissime possibilità di scelta, come in questo esempio:

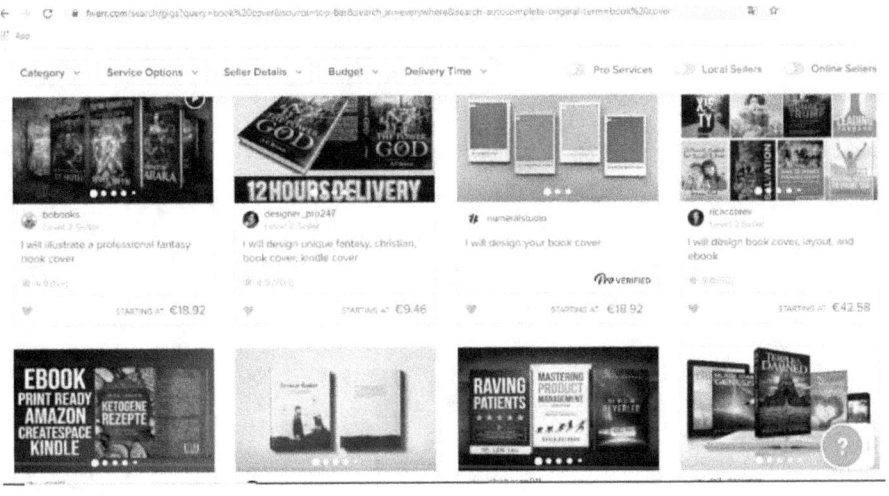

Troverai offerte di tutti i tipi con prezzi da 5 dollari in su (fino ad arrivare anche a 300 dollari), il mio consiglio è quello di orientarti su un budget di 25 dollari a copertina.

Con questa cifra troverai sicuramente un professionista in grado di realizzare delle copertine decenti per i tuoi libri.

Starà a te selezionare il migliore!

Considera che io ho collaborato con almeno 80 designers, di questi **solamente 7 fanno parte della mia squadra**, per il semplice motivo che sono molto selettivo e quando si parla di lavoro voglio solo il meglio!

Capitolo 12

Attrarre i Potenziali Clienti Attraverso l'Arte Persuasiva del Copywriting!

Ecco Come Creare una Descrizione "Cattura Clienti"

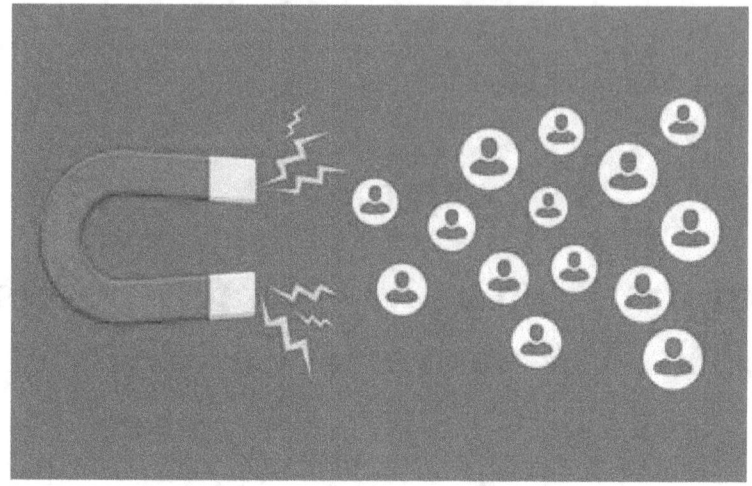

Ogni buon libro deve avere assolutamente avere una descrizione che riassuma i concetti principali che il lettore troverà all'interno del testo…

…proprio per questo la descrizione del libro è senza dubbio un potentissimo magnete per attirare i potenziali clienti verso i tuoi libri, soffiandoli prepotentemente alla concorrenza!

Qui entra in gioco l'arte del "Copywriting", ovvero la capacità di vendere attraverso la scrittura.

Potrei scrivere un intero libro su questo argomento, infatti all'interno del mio corso avanzato ho dedicato un'intera lezione all'argomento Copywriting, dove ti insegno tutto quello che ti serve per rendere la descrizione del tuo libro estremamente potente e persuasiva in ogni minimo dettaglio.

...Ma non preoccuparti, all'interno di questa sezione ti darò delle linee guida per realizzare un'ottima descrizione che supera di gran lunga il 90% di quella di tutti gli altri libri presenti in commercio.

Lo schema da seguire è questo:

- Per prima cosa, indica subito il problema che risolve il tuo libro, inserendo il beneficio principale che otterrà il lettore.

- Secondo passaggio, elenca altri 3 benefici che il lettore porterà a casa grazie al tuo libro.

- Terzo punto, fai una leggera pressione sull'acquisto invitandolo ad agire adesso, senza perdere altro tempo.

Adesso, ti mostro subito un esempio pratico di descrizione accattivante, utilizzando il solito argomento "Business Plan":

"Se stai cercando una guida dettagliata per realizzare il tuo business plan professionale, la tua ricerca finisce qui!

In questo libro troverai:

- *Tutti i passaggi da eseguire passo dopo passo per realizzare il tuo piano aziendale.*

- *Esempi vincenti di piani aziendali, creati da imprenditori di successo.*

- *Esercizi pratici che ti aiuteranno ad accelerare la creazione del tuo business plan, senza perdere tempo in passaggi inutili.*

Che cosa stai aspettando?

Acquista questo manuale di alto valore e crea subito il tuo business plan di successo!"

Visto? Niente di difficile!

A questo punto dovrai tradurre la descrizione in Inglese.

Se già parli bene la lingua inglese, allora non avrai grossi problemi nel fare la traduzione da solo, se invece non hai molta dimestichezza con l'Inglese, ti consiglio di farti aiutare da qualcuno che conosce bene la lingua.

Ti ricordo di evitare l'utilizzo di Google traduttore, in quanto tende a tradurre in maniera letterale, facendo spesso perdere il significato della frase.

Ovviamente…la soluzione migliore in assoluto è presente all'interno del mio corso avanzato "Self publishing MILLIONAIRE", dove oltre ad approfondire l'arte del Copywriting (in cui ti insegno tutto quello che ti serve per rendere la descrizione del tuo libro estremamente potente e persuasiva)…

…Troverai anche (come ti ho accennato in precedenza) tutti i contatti diretti dei miei traduttori che per una "manciata di euro", tradurranno la descrizione del tuo libro in lingua inglese super professionale, pronta all'uso!

Ritornando all'esempio della descrizione che ho realizzato per te, ecco come viene tradotta in Inglese:

If you are looking for a detailed guide to realize your professional business plan, then your search ends here!

In this book you will find:

- *An all the steps to be performed step by step to realize your business plan.*

- *Winning examples of business plans, created by successful entrepreneurs.*

- *Pratical exercises that will help you speed up the creation of business plan, without wasting time on unnecessary steps.*

What are you waiting for?

Purchase this high-value manual and create your succesful business plan now!

Come vedi questa formula che ti ho appena mostrato è un'ottima base su cui partire per generare vendite attraverso i tuoi libri, mi raccomando fanne buon uso!

Adesso hai tutti i tasselli al completo, sei pronto per Auto-Pubblicarti!

Molto bene, adesso hai praticamente tutti gli elementi che ti servono per pubblicare il tuo libro, ecco un veloce riepilogo di tutto ciò che abbiamo visto fino a questo momento:

- Come selezionare l'argomento migliore per il tuo libro.

- Come trovare il Titolo perfetto per il tuo libro.

- Come creare un Sottotitolo che spinga le vendite.

- L'importanza strategica dello pseudonimo.

- Come e a chi commissionare la scrittura del tuo libro.

- Come e a chi delegare la creazione di una copertina accattivante.

Ora non ti resta che andare su kdp.amazon.com e pubblicare il tuo libro, nel prossimo capitolo ti mostrerò tutto questo processo step by step.

Let's go!

CAPITOLO 13

Come Pubblicare "Step by Step" la Versione Kindle e Cartacea del tuo Libro

Ecco Come pubblicare la versione Kindle

Per prima cosa dovrai pubblicare la versione Kindle del tuo libro, ti basterà andare su kdp.amazon.com e accedere con i tuoi dati (se ancora non ti sei ancora registrato, questo è il momento giusto per farlo!)

Per facilitarti il lavoro ho inserito tutti gli screen che ti guideranno "step by step" alla pubblicazione del tuo libro.

INIZIAMO!

Clicca su eBook Kindle, ti apparirà una pagina in cui dovrai inserire tutti i dati richiesti per la pubblicazione:

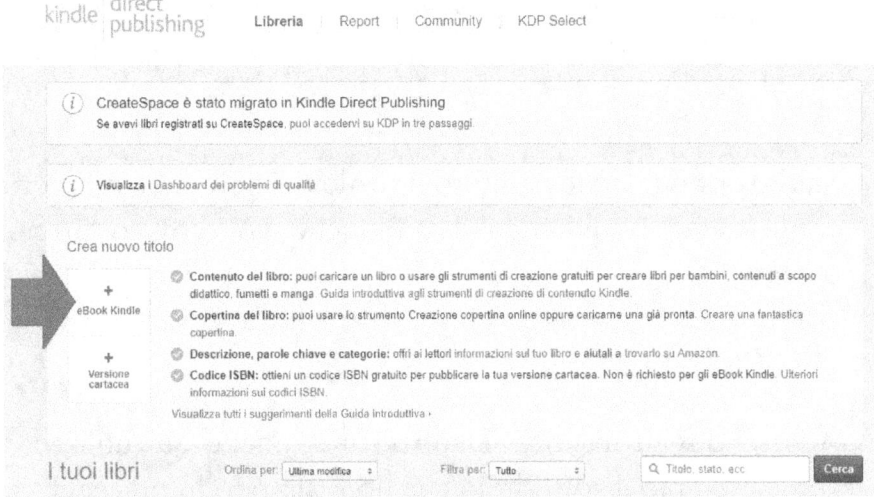

Questa è la schermata che ti comparirà:

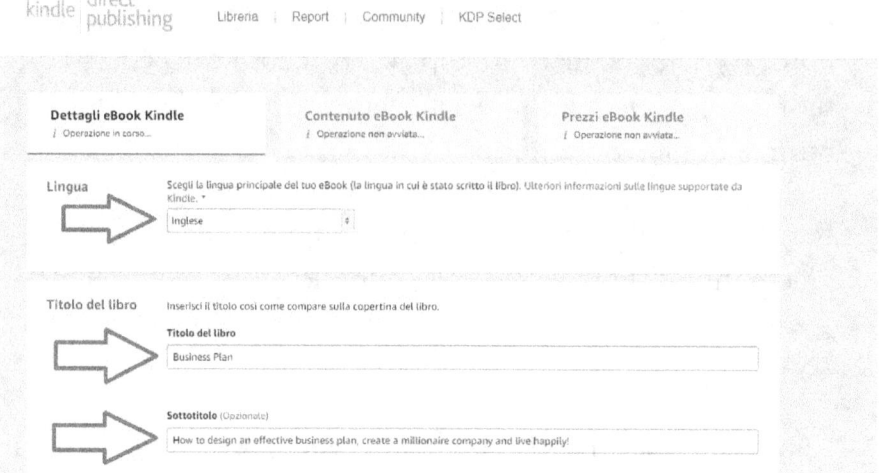

Per prima cosa inserisci **la lingua** del tuo libro, come ti ho consigliato in precedenza dovrai iniziare ASSOLUTAMENTE con la lingua Inglese, quindi seleziona la voce "Inglese".

Subito dopo ti viene richiesto **il titolo** del libro, qui utilizzerò come esempio didattico il titolo che ho scovato prima, ovvero:

"Business Plan"

Adesso dovrai inserire **il sottotitolo**, anche qui utilizzerò come esempio il sottotitolo che ho realizzato in precedenza:

"How to design an effective business plan, create a millionaire company and live happily!"

Molto bene, andando avanti, nel prossimo campo troverai la voce **"Collana"**, questa al momento non ti interessa, quindi lasciala in bianco. (vedi immagine sotto)

Fai la stessa cosa con il campo **"numero di edizione"**, anche in questo caso non dovrai inserire nulla.

Siamo giunti all'**autore**, qui dovrai inserire lo pseudonimo dello scrittore.

Ricordi quello che ti ho consigliato in precedenza?

Dovrai SEMPRE utilizzare uno pseudonimo di fantasia diverso per ogni argomento, qui utilizzerò come pseudonimo "Martin Brown". (vedi immagine sotto)

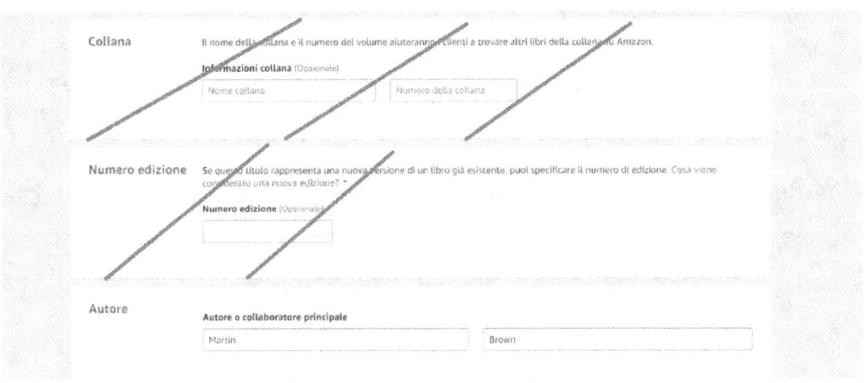

Dopo la voce autore, troviamo il campo "**Collaboratori**" lascialo vuoto, io solitamente non utilizzo mai questo campo, per il semplice motivo che dal momento in cui lo scrittore mi consegna il libro, **questo diventa mio al 100%** e di conseguenza non metto il nome di nessun collaboratore. (vedi immagine sotto)

Eccoci alla sezione "**descrizione**", qui dovrai inserire la descrizione del tuo libro, io andrò ad incollare quella che ho realizzato prima, eccola qui:

If you are looking for a detailed guide to realize your professional business plan, then your search ends here!

In this book you will find:

- *An all the steps to be performed step by step to realize your business plan.*

- *Winning examples of business plans, created by successful entrepreneurs.*

- *Pratical exercises that will help you speed up the creation of business plan, without wasting time on unnecessary steps.*

What are you waiting for?

Purchase this high-value manual and create your succesful business plan now!

Sulla voce "**diritti di pubblicazione**", seleziona la prima casella "Possiedo i diritti di copyright e i diritti di pubblicazione necessari" (vedi immagine sotto).

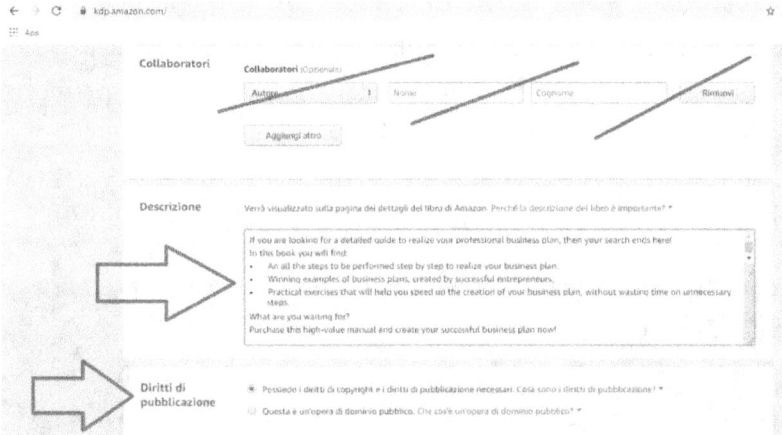

Il prossimo campo **"Parole Chiave"** è importantissimo, qui stiamo dicendo ad Amazon quali dovranno essere i termini da indicizzare sul suo motore di ricerca, inerenti al nostro libro.

Mi spiego meglio.

Per trasmetterti subito il concetto, utilizzerò il solito esempio del "business plan", seguimi:

Oltre al termine "business plan" dovrai inserire altre paroline correlate, chiamate in gergo "keywords" che aiuteranno Amazon a mostrare il tuo libro a più potenziali clienti possibili, in questo modo si impenneranno anche le tue vendite!

Anche qui ci sarebbe da approfondire l'argomento, ma per te che stai iniziando adesso, ti do subito qualche consiglio pratico su come riempire velocemente ed efficacemente questi 7 campi.

Dovrai andare sulla barra di ricerca di amazon.com nella categoria "Kindle Store" e digitare il titolo del tuo libro, nel mio caso scriverò il solito titolo "Business Plan" dopodiché bisogna dare uno spazio con la barra spaziatrice.

Magicamente ecco che appariranno tante altre paroline:

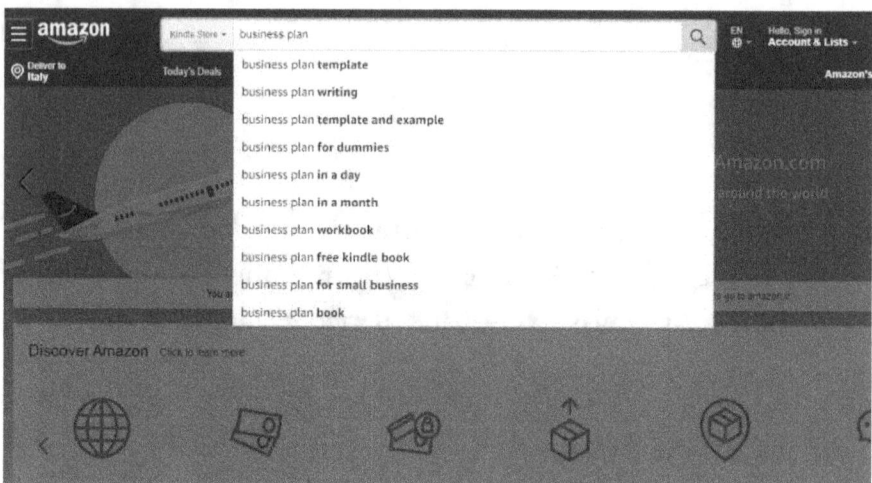

Noi andremo semplicemente scrivere **le prime 6 parole** che sono apparse nel mio esempio (come da immagine qui sopra) eccole qui:

- Business plan Template

- Business plan writing

- Business plan template and example

- Business plan for dummies

- Business plan in a day

- Business plan in a month

Adesso siamo pronti a riempire le 7 parole chiave!

La prima parola in assoluto da inserire dovrà essere il titolo del libro, in questo a caso "business plan".

Subito dopo inseriremo le altre 6 parole, applicando il metodo di ricerca che ti ho appena mostrato (vedi immagine sotto):

Questa strategia è molto semplice ma allo stesso tempo anche super efficace!

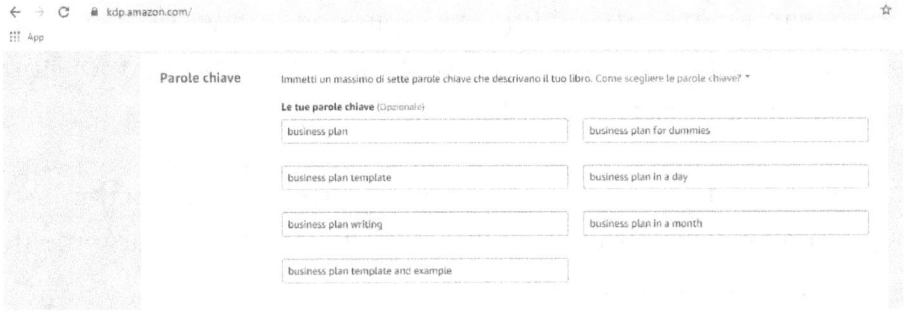

Adesso passiamo alla selezione delle **categorie:**

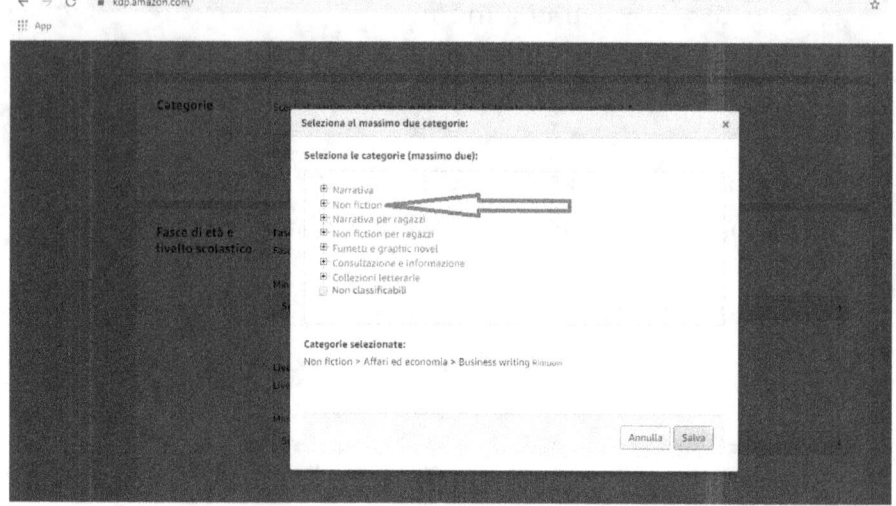

Seleziona **"Non Fiction"**, in questa categoria sono raggruppati tutti i libri che spiegano come risolvere un problema, come ti ho già detto in precedenza i tuoi libri dovranno essere SEMPRE NON FICTION.

Una volta che fai click sulla voce "Non Fiction" ti compariranno molte sottocategorie di svariati argomenti (come da immagine qui sotto).

La strategia di base è quella di utilizzare semplicemente le 2 sottocategorie tra quelle proposte che più si avvicinano al tuo libro, nel mio caso utilizzando il solito argomento "business plan", ho scelto queste 2:

- Budget

- Business writing

Salva e vai avanti!

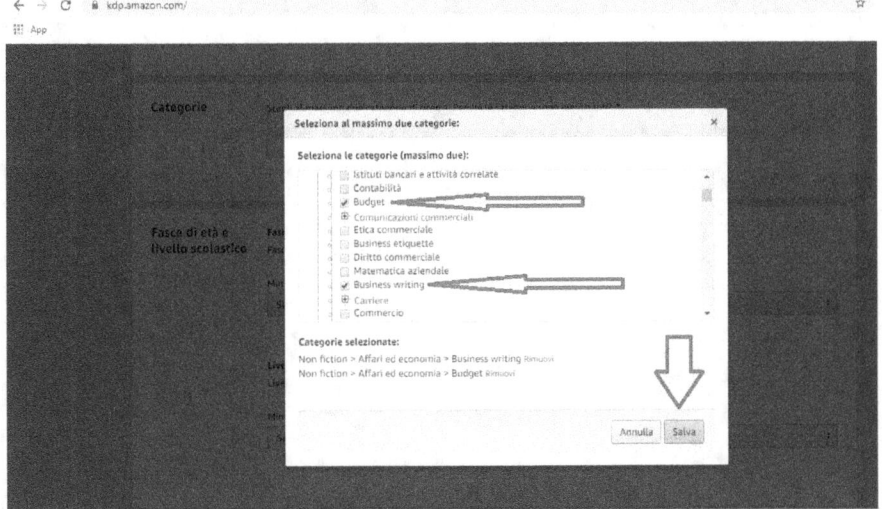

Il prossimo campo "**Fasce di età e livello scolastico**" lascialo così, senza fare nulla. (vedi immagine sotto)

Nel campo "**opzione di pubblicazione**", seleziona la voce "sono pronto a pubblicare il mio libro ora". (vedi immagine sotto)

Molto bene, con questa prima pagina abbiamo appena finito, adesso premi il tasto **salva e continua** per passare a quella successiva!

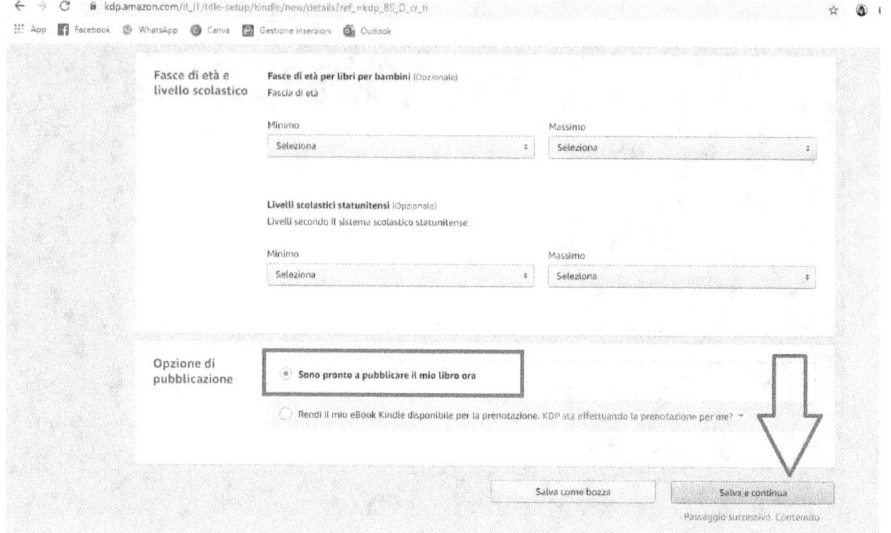

Questa sezione è dedicata al contenuto dell'ebook, prima di tutto ti consiglio di attivare sempre i **DRM**, selezionando la casella **SI**, in questo modo aumenterai la soglia di sicurezza del tuo ebook per la protezione contro la pirateria (vedi immagine sotto).

Molto bene, adesso è arrivato il momento di caricare il manoscritto, ossia il contenuto vero e proprio del libro che lo scrittore ha realizzato per te.

Premi il tasto **"Carica testo eBook"** e seleziona semplicemente il file che lo scrittore ti ha consegnato in versione Word (vedi immagine sotto).

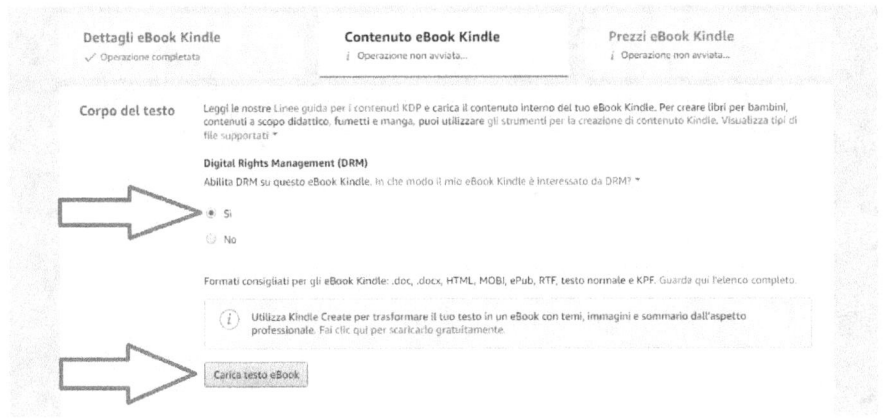

A questo punto bisogna caricare la tua copertina professionale, seleziona la casella "**carica una copertina di cui disponi**" (vedi immagine qui sotto), poi premi sfoglia e vai a selezionare il file che ti ha inviato il designer...bene il gioco è fatto!

Come puoi vedere dall'immagine qui sotto, ci sarebbe la possibilità di selezionare un'altra opzione:

"Utilizza creazione copertina per creare la copertina del libro"

Ti sconsiglio assolutamente questa opzione, praticamente attraverso questa funzione puoi creare con le tue mani la copertina, ma sarebbe "come prendersi a schiaffi da solo".

Devi delegare SEMPRE ad un professionista la creazione della copertina!

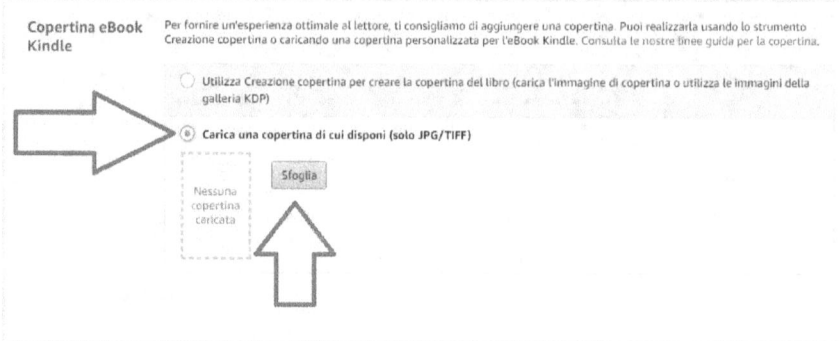

Sei arrivato alla fine della seconda pagina, adesso dovrai semplicemente premere il tasto "**Avvia lo strumento di anteprima**" in questo modo potrai vedere l'anteprima del tuo eBook Kindle (vedi immagine qui sotto).

Per quanto riguarda invece la voce "**Codice ISBN dell'ebook Kindle**" non mettere nulla, lascia i campi in bianco (vedi immagine qui sotto).

Premi il tasto "**Salva e continua**" per passare all'ultima pagina, quella dedicata al prezzo del tuo eBook!

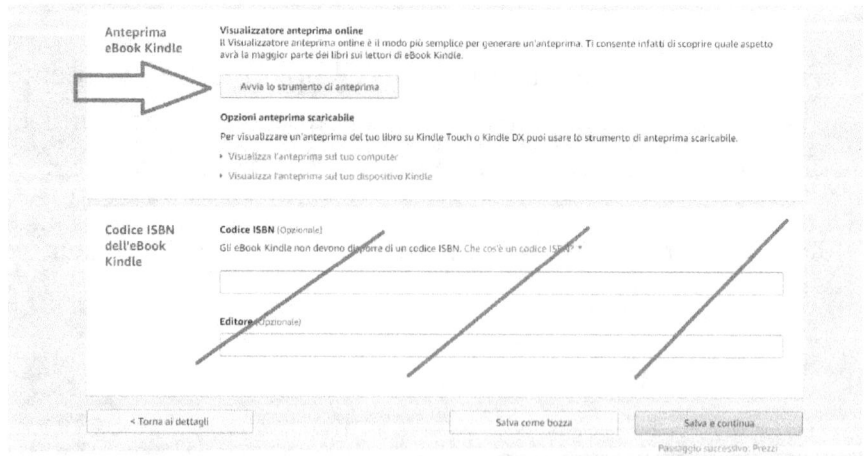

Dai che ci siamo quasi, stiamo per terminare la pubblicazione del nostro eBook Kindle!

In questa terza pagina per prima cosa ti consiglio di selezionare la casella "**Registra il mio libro in KDP Select**" (Vedi immagine qui sotto), in questo modo oltre a ricevere il pagamento sulle vendite dei tuoi eBook, riceverai anche una seconda fonte di rendita, si tratta di un pagamento che Amazon ti riconosce per numero pagine lette da parte degli utenti.

Per quanto riguarda la voce **Territori**, seleziona SEMPRE la voce "Tutti i territori (diritti a livello mondiale)" in questo modo autorizzerai Amazon a vendere il tuo libro in tutto in mondo!

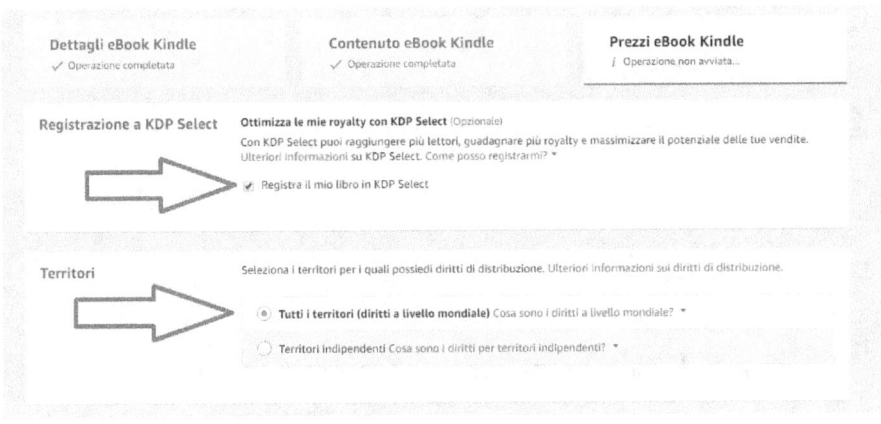

Adesso è quasi tutto pronto, l'ultima cosa che ti rimane da fare è quella di scegliere il prezzo!

Per prima cosa seleziona il piano **Royalty al 70%** (vedi immagine qui sotto), tranquillo tra poco ti dirò cosa significa di preciso.

Come seconda azione, sotto la voce "mercato principale" seleziona **amazon.com**

A questo punto dovrai stabilire il prezzo del tuo eBook al pubblico, io ti consiglio di mettere 2,99 dollari, questo è il prezzo che funziona meglio in assoluto!

Tornando al discorso del 70% di Royalty, significa semplicemente che guadagnerai per ogni eBook venduto il 70% di 2,99 dollari, ossia circa 2 dollari netti per ogni singola vendita.

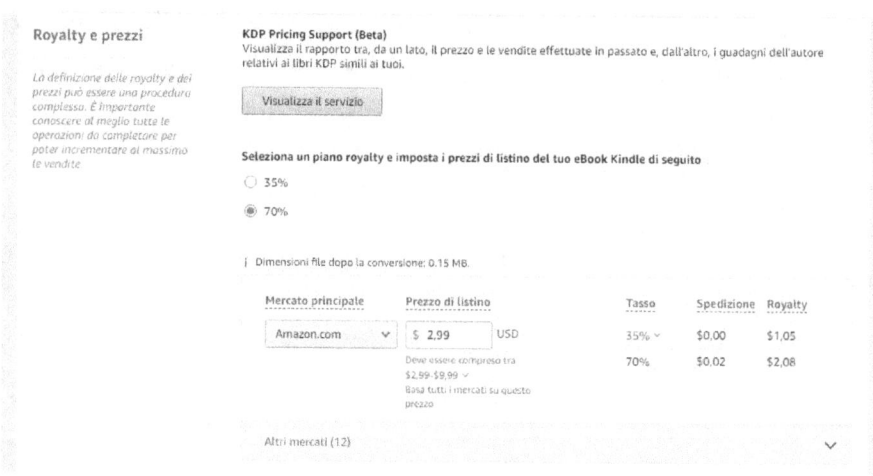

Hai finito, l'eBook è pronto per essere pubblicato!

La voce "Consenti il prestito di questo libro" (vedi immagine qui sotto) è automaticamente selezionata, non puoi togliere questa spunta…

…ma a noi non interessa, lasciamo tutto così e premiamo il tasto "Pubblica il tuo eBook Kindle".

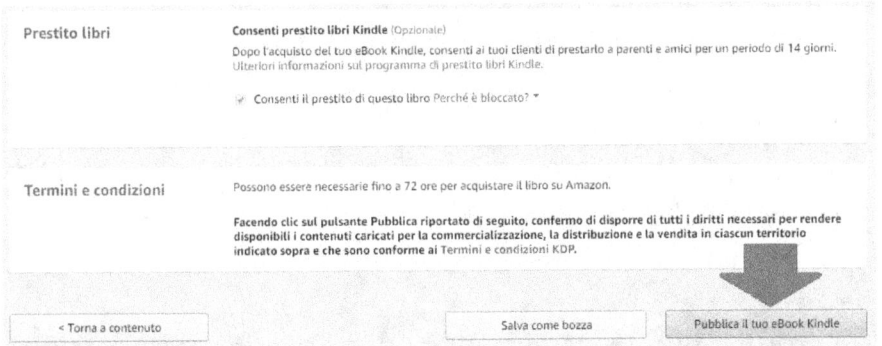

Entro 72 ore (solitamente entro 24) il tuo libro Kindle sarà in vendita su Amazon, non dovrai fare più nulla, penseranno a tutto loro…

…tu dovrai semplicemente goderti le rendite H24 del tuo libro mentre fai tutt'altro!

Pubblicazione del libro Cartaceo

Il processo per pubblicare la versione cartacea è molto simile a quello della versione eBook, le differenze sostanziali si trovano nella seconda pagina, quindi occhi aperti e segui bene quello che sto per dirti:

La prima differenza la troverai nella sezione ISBN, mentre nell'eBook non era obbligatorio metterlo, qui invece è necessario inserire questo codice (vedi immagine qui sotto).

Dovrai semplicemente selezionare la casella **"Usa un codice ISBN KDP gratuito"** e automaticamente Amazon penserà a fare tutto, niente di più!

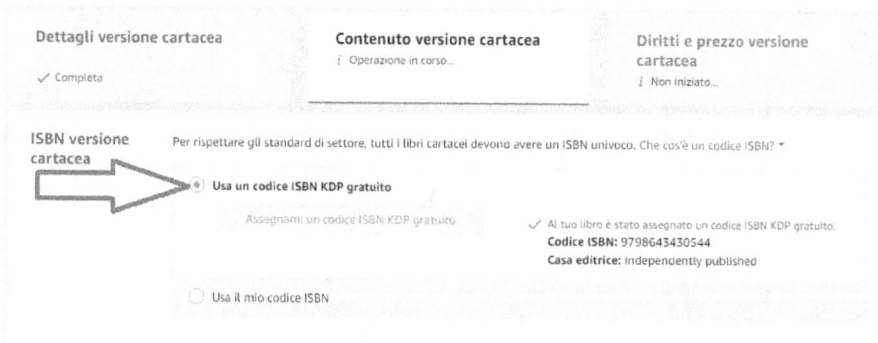

La seconda differenza sostanziale sta nelle **"Opzioni di Stampa"**, trattandosi di un libro cartaceo, dovrai dare ad Amazon delle direttive ben precise sul tuo libro, personalmente scelgo le opzioni che ti ho evidenziato nell'immagine qui giù:

Tipo di contenuto interno e carta, qui andrai a dire ad Amazon che tipologia di carta vuoi per il tuo libro, io scelgo sempre "**Nero e Interno bianco, con carta di colore bianco**". In parole spicciole significa inchiostro nero su carta bianca!

Dimensioni gabbia, queste misure indicano la grandezza del libro, ti consiglio di lasciare la dimensione standard **15,24x22,86**.

Impostazioni di smarginatura, seleziona sempre la voce "**nessuna smarginatura**".

Finitura copertina versione cartacea, qui stai dicendo ad Amazon che tipo di copertina vorresti, se opaca o lucida, io scelgo sempre la versione "**lucido**".

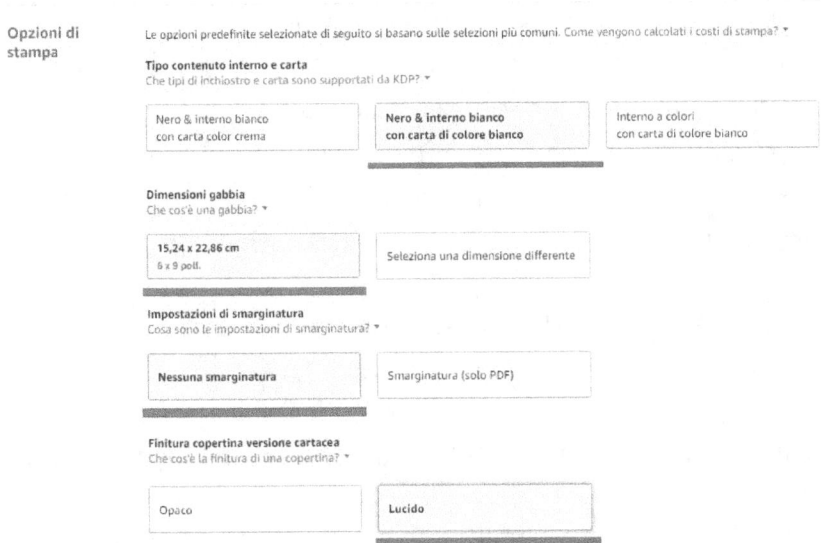

Ultima cosa che differisce il formato cartaceo rispetto a quello eBook è il fattore prezzo, mentre nella versione eBook ti ho consigliato di mettere 2,99 dollari, per quando riguarda la versione cartacea il prezzo che ti consiglio è quello di 12,90 dollari.

Utilizzando questo importo riceverai circa 5 dollari di Royalty per ogni singola copia venduta.

Ti consiglio anche ti attivare la casella "**Expanded Distribution**" (vedi immagine qui sotto), praticamente stai dando l'autorizzazione ad Amazon a vendere il tuo libro in grossi quantitativi alle librerie che ne faranno richiesta.

Ti faccio un esempio pratico su quest'ultimo punto per trasmetterti il concetto:

Se una libreria nota il tuo libro, può richiedere ad Amazon di vendergli uno Stock di pezzi (esempio 10 copie), ovviamente il prezzo di vendita sarà più vantaggioso rispetto a quello riservato al pubblico, con la conseguenza che tu guadagnerai circa 2,50 dollari a copia anziché 5 dollari…

…ma trattandosi di grosse quantità, porterai a casa un profitto elevato con un solo ordine!

Quindi mi raccomando, seleziona SEMPRE questa casella.

…Ed ecco che la versione Cartacea è pronta per essere pubblicata!

Anche in questo caso non dovrai fare più nulla, dal momento in cui un utente compie l'acquisto, Amazon stamperà il tuo libro e lo spedirà entro poche ore al cliente finale!

…Così come nella versione eBook, tu dovrai semplicemente goderti le rendite del tuo libro H24, anche mentre dormi!

CAPITOLO 14

L'immenso Potere delle Recensioni

Le Recensioni sono il motore del tuo business

Ricordati sempre questa frase:

"Le recensioni sono il motore del tuo business".

Se i tuoi libri inizieranno a ricevere recensioni negative, stanne certo che in poco tempo venderai sempre meno copie. Viceversa se il tuo libro manterrà un'ottima media di recensioni (4 o 5 Stelle) allora il tuo libro venderà "vagonate" di copie!

All'interno del mio video corso "Self Publishing MILLIONAIRE" ho dedicato due intere lezioni su questo argomento e su tutte le strategie più avanzate per avere tante recensioni a 5 stelle!

Per acquistare il video-corso o semplicemente se vuoi pormi eventuali domande vai sul sito ufficiale:

www.selfpublishingmillionaire.com

…ma stai sereno, in questo paragrafo ti svelerò come al solito le linee guida di base, che devi assolutamente conoscere per gestire al meglio il mondo delle recensioni!

Prima di tutto devi sapere che le recensioni negative prima o poi (purtroppo) arriveranno.

E sì…hai capito bene, anche se il tuo libro è perfetto in tutto e per tutto, ci sarà sempre qualche idiota che per invidia, per concorrenza o per altri stupidi motivi ti lascerà una recensione a 1 o 2 stelle.

L'unico modo per controllare questo fenomeno è quello di ricevere tante recensioni positive, quest'ultime andranno a sovrastare quelle negative!

Per ottenere questo risultato ti do **3 dritte** che devi assolutamente applicare:

1. **La qualità del contenuto del tuo** libro deve essere di alto valore, in grado di aiutare il lettore a risolvere un determinato problema a cui sta cercando delle risposte (ecco perché ancora una volta ti Stra-consiglio di delegare la creazione del libro ad uno scrittore professionista).
2. **Chiedi ai tuoi amici** che hanno un account Amazon di acquistare il tuo libro e di lasciarti una recensione a 5 stelle in lingua inglese. (in cambio gli rimborserai i soldi dell'acquisto).

3. Esistono su Facebook dei **gruppi di "scambio recensioni"**, registrati e chiedi di collaborare con queste persone che si trovano nella tua stessa situazione. In questo modo potrete darvi una mano a vicenda (ma senza esagerare mi raccomando, altrimenti Amazon riconosce l'inganno).

Molto bene, posso dirti con immenso piacere che ti ho trasmesso tutte le basi che ti serviranno per entrare in questo business in maniera vincente e iniziare a guadagnare le tue prime Royalties.

Come hai potuto vedere, ormai riesco a generare anche 30 mila euro di royalties al mese attraverso l'autopubblicazione di libri su Amazon, e sai cosa penso?

Penso che il prossimo a farcela sarai proprio TU, quindi non mi deludere!

Adesso è giunto il momento di parlarti con il cuore in mano, di un argomento molto delicato per me.

Inizialmente non volevo inserire questa mia "Storia di (IN)Successo" all'interno di questo libro, ma poi ho deciso di farlo.

Se ricordi, all'inizio ti avevo accennato una storia, quella di quegli stupidi errori che ho commesso durante il mio percorso di ricchezza, combinando un sacco di casini, ecco adesso voglio raccontartela per bene.

All'epoca avevo appena compiuto 27 anni e generavo già "un mucchio di soldi" (circa 15 mila euro al mese), in quel periodo mi ero fatto prendere seriamente la mano, iniziando a fare una serie micidiale di spese pazze, completamente fuori controllo!

Il denaro mi aveva cambiato, ero caduto nella sua trappola.

Nonostante tutti i soldi che riuscivo guadagnare, ero arrivato al punto di ritrovarmi miseramente al verde e con la banca che mi pressava continuamente per via di alcuni debiti che avevo contratto, insomma è stato un vero incubo.

Passando al prossimo capitolo ti sarà più chiaro…

CAPITOLO 15

La Trappola della Ricchezza

I Soldi mi Tentavano e Io ci sono Caduto in Pieno!

Potrebbe sembrarti surreale, ma ti garantisco che quando ti ritrovi a guadagnare da 600 euro a 15 mila euro al mese a soli 27 anni, i soldi potrebbero indurti a cadere in una maledetta trappola inaspettata. Ti confesso che a me è successo purtroppo.

Iniziai con il cambiare auto, passando da una panda grigia con i sedili strappati e scoloriti, ad una BMW serie 3 di colore nero "nuova di zecca".

Molto probabilmente starai pensando:

"Roy, ma fin qui è tutto normale, dal momento in cui i soldi nel cassetto iniziano ad aumentare non c'è nulla di male nel sostituire la propria auto con una più costosa".

E infatti…caro amico lettore, fin qui tutto nella norma (ma ancora per poco).

Intanto in città, si stava iniziando a spargere la voce di questo ragazzo che era riuscito dal nulla e nel giro di pochissimo tempo a creare un'azienda di successo con profitti elevati e senza assumere nessun dipendente, praticamente il sogno di qualsiasi imprenditore (ovviamente quel ragazzo ero io!)

…Da quel momento, iniziai a rendermi conto che tanta gente che prima non mi "cagava di striscio" adesso magicamente iniziava ad avvicinarsi, erano davvero in tanti quelli che mi invitavano a bere una birra, a prendere un caffè o semplicemente si presentavano per scambiare quattro chiacchiere con me.

Improvvisamente anche le ragazze più belle dei locali che frequentavo iniziavano a mostrare interesse verso di me, hai presente quelle che di solito puoi solo guardare da lontano?

…Ecco proprio quelle!

Notavo dei sorrisi e degli sguardi intriganti nei miei confronti a cui non ero abituato, stavo vivendo una sensazione strana che non avevo mai provato prima, ma ad essere sincero **mi piaceva maledettamente!**

Ero consapevole che il mio successo stava cambiando il modo in cui le persone mi vedevano, prima nessuno si ricordava il mio nome, dopo, improvisamente, ero diventato il giovane imprenditore che si era realizzato da solo, senza l'aiuto di nessuno!

Intanto gli affari con i libri andavano sempre meglio, così tanto bene che dopo 5 mesi decisi di cambiare nuovamente auto, acquistando questa volta una super car da 550 cavalli, per l'esattezza una bellissima Audi R8, devo ammetterlo era stato un grande affare, ma quest'auto che vedi qui giù, fu proprio l'inizio ufficiale della mi discesa...

La sera rincasavo sempre più tardi, frequentavo assiduamente discoteche (rigorosamente nei privè), spendendo non meno di 1000 euro per una serata.

In quel periodo, le ragazze più affascinanti (dei posti èlite che frequentavo), erano addirittura loro a chiedermi di uscire, io avevo solo l'incredibile imbarazzo della scelta.

Lo so benissimo, non è una cosa di cui vantarsi e infatti non ne vado fiero, ma in quel periodo tutto questo mi faceva stare bene, mi sentivo letteralmente in paradiso…

…la mia vita girava intorno alle feste e alle donne, tutto il resto non contava nulla!

E intanto spendevo sempre più soldi…

Comprai addirittura una villa al mare, dove organizzavo continuamente delle mega feste private.

In quel periodo alcune volte ho anche abusato dell'alcool e la notte praticamente non dormivo mai!

Mi sembrava di vivere all'interno del film "The Wolf of Wall Streat", l'unica cosa di cui vado a testa alta è quella di non aver mai provato droghe, come cocaina o altra spazzatura del genere…il resto era esattamente come nel film!

Da 4 mesi non stava più crescendo il mio fatturato

Ero troppo impegnato a divertirmi e a concedermi stupidi eccessi per pensare a concentrarmi sul lavoro così come facevo un tempo!

Ormai da ben 3 mesi il fatturato non cresceva più, pubblicavo nuovi libri a rilento e spesso commettevo degli errori grossolani che mi facevano perdere un sacco di tempo.

La mia testa era completamente altrove.

Come puoi vedere da questo grafico, per circa 6 mesi non sono riuscito ad incrementare i miei guadagni netti sui libri, anzi stavo lentamente andando giù!

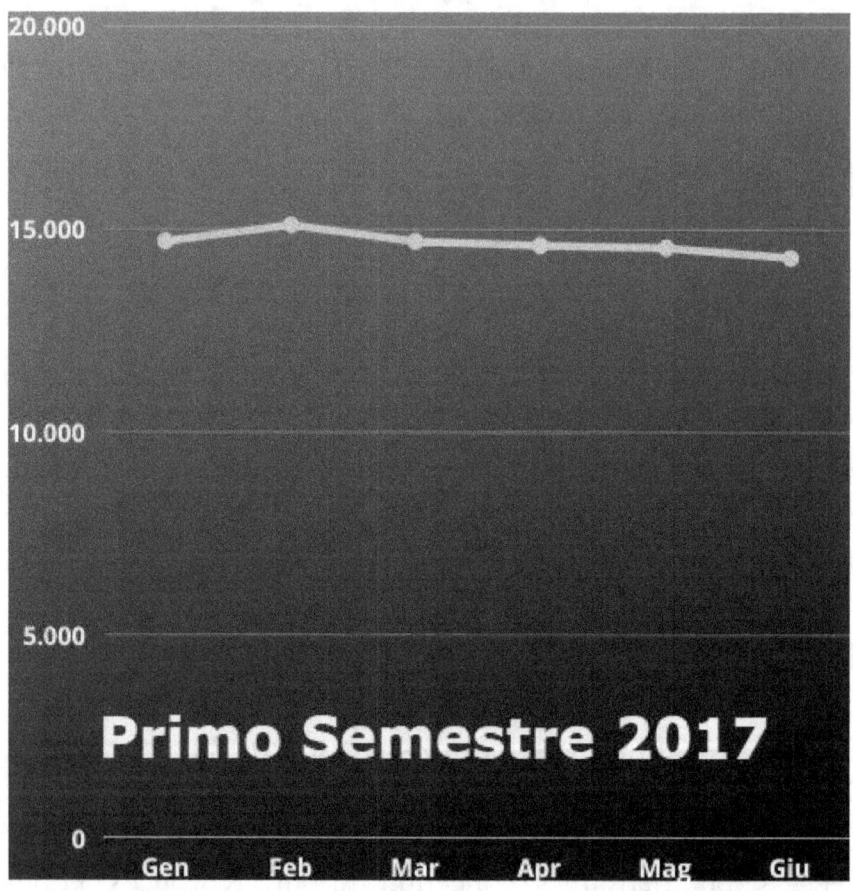

Intanto le spese aumentavano sempre di più, spendevo non meno di 2000 euro a settimana solo per discoteche o feste private, ricordo che in una sola serata arrivai a spendere 4500 euro…a ripensarci oggi mi sento una grande testa di cazzo!

Stavo spendendo più di quello che guadagnavo, arrivai al punto di non riuscire più a starci dentro con le spese…ASSURDO.

La stangata finale arrivò attraverso una telefonata da parte della banca…

…non avevo saldato la rata mensile del mutuo della villa al mare.

In quel momento mi sono sentito veramente un verme, avevo ricevuto il dono imprenditoriale di guadagnare una montagna di soldi ed ero arrivato al punto di essere miseramente al verde…

Un Bud Spencer per papà e ogni problema si risolverà!

Sicuramente conoscerai il grande Bud Spencer, è stato un attore amatissimo dal pubblico di qualsiasi età. Divenne famoso per le botte (divertenti) che riusciva a dare ai personaggi cattivi, insieme al suo inseparabile braccio destro "Terence Hill".

Ecco, tieni presente che mio padre ha una mano grande proprio come quella di Bud, non dimenticare questo piccolo particolare, tra un paio di righe capirai tutto...

L'indomani di quella maledetta telefonata da parte della banca, andai da mio padre a raccontargli la situazione che stavo vivendo e di tutti quei soldi che bruciavo in eccessi senza riuscire a smettere.

Così iniziai a sputare il rospo senza troppi giri di parole, dopo i miei 15 minuti di monologo, mio padre si alzò di scatto dalla sedia e mi diede uno schiaffone, così forte da farmi vedere le stelline intorno alla testa…

…ho sempre davanti ai miei occhi quel preciso istante!

Poi mi abbracciò "forte forte" dicendomi:

"Roy, ma che cazzo stai facendo?

Non ti riconosco più!

…Hai preso la villa al mare e ci sta!

…Fai spesso delle vacanze costose e hai tutto il diritto di farlo!

…Hai preso l'auto sportiva e va bene anche questo, sei giovane, guadagni bene e te la puoi permettere senza problemi.

Ma ricordati che la realtà non è fatta solo di donne, feste e alcool, non dimenticare mai i veri valori della vita e soprattutto cerca di avere rispetto per te stesso!"

Quel giorno fu una lezione di vita molto importante per me. Tornai a casa con 5 dita stampate in faccia, ma con la mente lucida e le idee molto chiare.

Adesso sapevo esattamente cosa fare.

Più forte di prima

Lo stesso giorno annullai tutte le uscite serali e le feste previste per l'intera settimana, da quel momento le regole da seguire sarebbero state le seguenti:

- Dal lunedì al venerdì ritornare a lavorare come un tempo, senza distrazioni!
- Solamente il Sabato dedicato al divertimento
- Domenica relax per ripartire con le pile cariche il lunedì

In poche parole, una vita senza più stupidi eccessi che distruggevano il mio conto in banca oltre che la mia salute!

I risultati non tardarono ad arrivare, già dal primo mese i guadagni dei libri iniziarono finalmente a sbloccarsi (ormai da 6 mesi ero rimasto inchiodato mediamente a 15 mila euro al mese).

Nel secondo semestre del 2017, passai da 15.000 euro a 19.000 euro di utili netti mensili, pubblicando a raffica tanti nuovi libri molto profittevoli e senza commettere stupidi errori dovuti alla distrazione!

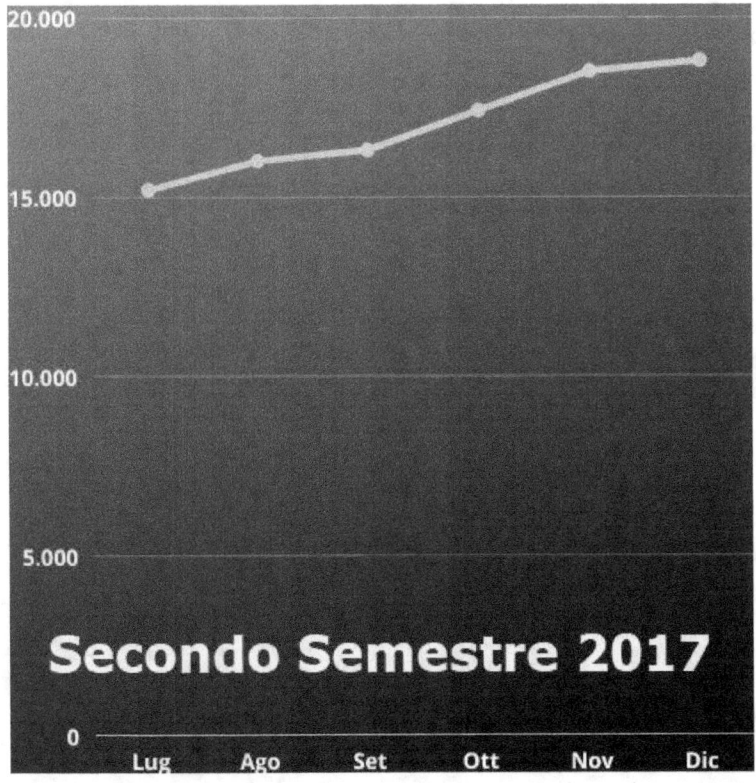

Intanto le spese per le serate dedicate al divertimento passarono da circa 8.000 euro al mese a non più di 2.000 euro...lo so, magari penserai che sono comunque tanti soldi 2.000 euro al mese solo per andare a ballare e divertirsi, ma ti assicuro che quando guadagni cifre importanti, queste sono briciole.

Praticamente è la stessa proporzione di chi ha uno stipendio da 1.700 euro e ne spende 150 al mese per andare a divertirsi (cene, discoteche, uscite con gli amici ecc).

...Ah dimenticavo la cosa più importante, saldai immediatamente i debiti del muto e da quel momento la banca iniziò a chiamarmi solo ed esclusivamente per propormi pacchetti azionari e obbligazionari per investire tutti i soldi che stavo accumulando!

"Finalmente mi ero liberato dalla trappola del denaro, adesso ero io a controllarlo e non lui a controllare me!"

Ecco perché ti ho raccontato la mia Storia

Ho voluto raccontarti questa zona d'ombra della mia vita, per metterti in guarda dalle potenziali tentazioni che incontrerai lungo il tuo cammino verso la ricchezza (se deciderai di entrare seriamente in questo business).

Molto probabilmente ti ritroverai a guadagnare cifre elevate a cui non eri abituato prima e ti assicuro che il denaro ti tenterà dannatamente!

Noterai tanta gente "attratta dal tuo successo" avvicinarsi a te, improvvisamente ti sentirai al centro del mondo e gli eccessi inizieranno a solleticarti la mente...

...E questo vale a prescindere dal fatto che tu sia un uomo o una donna.

Magari sei una persona molto forte...e allora riuscirai a controllare il tuo successo senza alcuna difficoltà (te lo auguro con tutto il mio cuore), ma non sottovalutare mai questa sfumatura che ti ho raccontato, anch'io pensavo di essere una persona forte e invece ero lentamente caduto nella trappola del denaro.

Se adesso ti trovi qui, praticamente a pochi passi dalla fine di questo libro, sono certo che sei una persona in gamba e hai capito perfettamente il mio messaggio, proprio per questo nel prossimo paragrafo ti farò una proposta molto allettante!

Conclusione + La Proposta che Cambierà la tua Vita!

Siamo giunti alla fine di questo cammino, prima di tutto voglio farti i miei complimenti per essere arrivato fin qui e aver concluso questo percorso con successo, ti assicuro che non è da tutti.

Grazie a questo libro hai appreso i fondamentali del Self Publishing, il business che mi ha cambiato la vita!

ADESSO HAI A DISPOSIZIONE 3 STRADE DAVANTI A TE:

1. **Mettere questo libro da parte e continuare a fare la vita di sempre.**

Tra qualche giorno dimenticherai tutto quello che hai imparato in questo testo e molto probabilmente leggerei altri libri sperando di trovare la pozione magica per diventare ricco.

Ti dico subito che questa è la strada dei perdenti, coloro che cercano continuamente un modo per fare soldi, passando anni e anni a studiare libri e corsi senza mai iniziare un business vero e proprio.

2. Entrare in questo business da solo senza nessun aiuto.

Una soluzione sicuramente più efficace della prima è quella di provare ad iniziare questo business da solo, però devi sapere che non sarà facile "come bere un bicchier d'acqua".

Come tutti in business seri, la strada del successo è piena di insidie, iniziare a pubblicare dei libri da solo senza nessuno che guidi passo dopo passo, molto probabilmente ti poterà a perdere parecchio tempo e denaro prima di riuscire a prendere la strada vincente.

Praticamente è un po' come inseguire la ricchezza a bordo di una lumaca, forse ci riuscirai, ma quanti anni ci vorranno?

Ti rispondo io...Tanti!

3. **Fare TUA la MIA esperienza**, ossia di chi già genera centinaia di migliaia di euro l'anno di Royalties attraverso questo business!

Quest'ultima è decisamente la strada dei fuoriclasse!

La vita è una sola e se vuoi seriamente diventare una persona "ricca", non c'è tempo per sperimentare ogni singolo evento. Io stesso per arrivare nel punto in cui mi trovo adesso, ho seguito tantissimi corsi dai migliori specialisti al mondo di questo settore.

Ho investito decine di migliaia di euro per la mia formazione nel corso di questi anni (e tutt'ora continuo a spendere denaro per essere sempre aggiornato sui nuovi trend di mercato) ma i risultati come hai potuto constatare tu stesso, sono stati GIGANTESCHI!

Ecco le mie Royalties di tutto il 2020

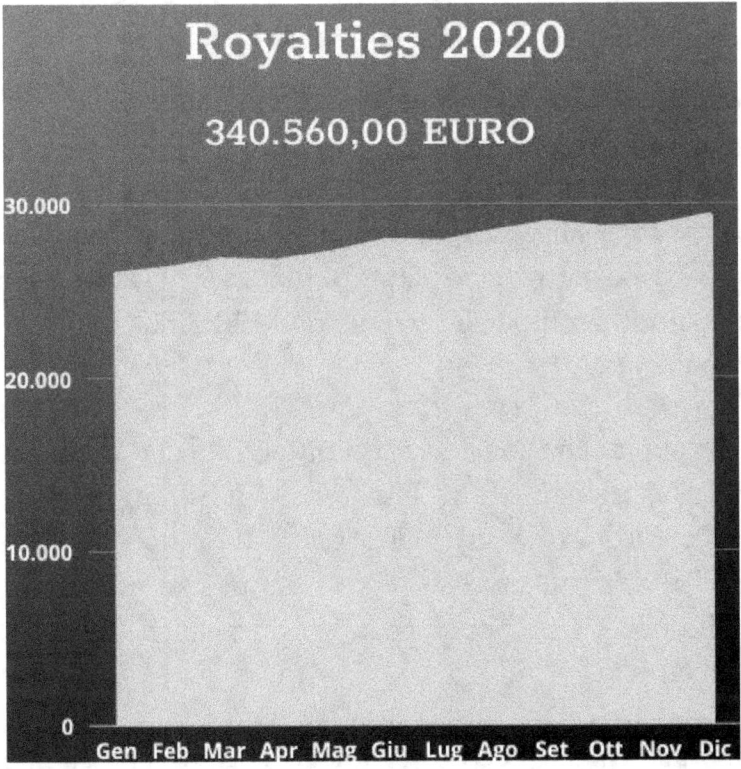

Come vedi solo su Amazon nel 2020 ho portato a casa **340.560 Euro**, senza considerare le vendite di libri generati attraverso altri canali (come l'email marketing), sommando tutto superiamo di molto i 350.000 euro!

Togliendo tutte le spese che ho sostenuto nel 2020 per la creazione dei miei libri e la rispettiva gestione di essi, ho messo in tasca 226.760 euro di PROFITTO NETTO!

Tornando a noi, se la tua scelta è la NUMERO 3, ossia quella dei VINCENTI, allora ho una buona notizia da darti.

Come ti ho già accennato più volte, ho creato un video corso avanzato chiamato "Self Publishing MILLIONAIRE" con oltre 50 video-lezioni iper dettagliate, dove ho racchiuso tutto il mio sapere su questo business, lo stesso identico percorso che ho seguito io per passare da 0 ad oltre 350 mila euro l'anno di fatturato.

Troverai ogni singola sfumatura per **iniziare a Guadagnare da SUBITO** attraverso l'autopubblicazione dei tuoi libri, diventando a tutti gli effetti un ESPERTO del "Self Publishing".

Ti dico subito che considerando tutti i soldi che ho speso per la mia formazione e tutto il materiale di estremo valore che ho racchiuso in questo video corso (che non troverai da nessun'altra parte), avrei dovuto farlo pagare **non meno di 33 mila euro**, e tra poche righe scoprirai anche il motivo di questa cifra!

Bando alle ciance, ecco tutto quello che troverai all'interno del mio video corso "Self Publishing MILLIONAIRE" e del VALORE REALE di ogni singolo elemento:

- **Accesso ad oltre 50 video lezioni,** dove ti prenderò per mano e ti trasformerò passo dopo passo in uno dei migliori self publisher in circolazione!
(valore 7.500 euro)

- **Aggiornamenti COSTANTI**, questo molto probabilmente è uno degli elementi più importanti in assoluto dell'intero corso, come in ogni business che si rispetti è necessario essere sempre aggiornati sulle ultime novità del settore. Bene tu avrai anche questo prezioso servizio incluso!

(Valore 7.900 euro)

- **Template illustrati in video che ti permetteranno di delegare alla velocità della luce** la creazione dei tuoi libri senza commettere errori!

(Valore 2.000 euro)

- **Ti insegnerò a maneggiare "gli strumenti del mestiere" con estrema professionalità** che ti permetteranno di scoprire velocemente che tipologia di libri realizzare per generare ingenti profitti mensili!

(Valore 3.200 euro)

- **Entrerai a far parte ufficialmente della RISERVATISSIMA lista email Élite,** composta esclusivamente dai miei studenti, dove ti invierò periodicamente delle comunicazioni sul business del self publishing con i rispettivi aggiornamenti!

(Valore 5.000 euro)

SUPER BONUS

"Accesso Esclusivo alla Piattaforma MILLONAIRE COMPANY"

Avrai l'accesso diretto alla mia piattaforma proprietaria "MILLIONAIRE COMPANY", dove troverai tutti i professionisti di cui hai bisogno per delegare la creazione dei tuoi libri in totale sicurezza, senza la necessità di rivolgerti a siti di Freelancers esterni (che spesso sono poco sicuri) o a costose compagnie di scrittura.

In poche parole attraverso la mia piattaforma ti metterò a disposizione tutti i professionisti di cui hai bisogno per creare da zero i tuoi libri in ogni minimo dettaglio!

(Valore 8.000 euro)

Come puoi calcolare tu stesso, il valore REALE di tutto questo "ben di dio" è di ben oltre 33 mila euro!

Ovviamente questa è una cifra che in pochissimi potrebbero permettersi, proprio per questo ho deciso abbassare "clamorosamente" la soglia di accesso a "Self Publishing MILLIONAIRE"…

…Potrai fare tuo il corso sul Self Publishing più avanzato in circolazione, attraverso un ridottissimo investimento iniziale di soli **997 Euro**, invece di ~~33 mila Euro~~!

Ma in un momento di follia…ho deciso di distruggere ogni possibile concorrenza da parte di "presunti esperti" che vendono informazioni e strategie obsolete che non hanno più la stessa efficacia di un tempo!

Proprio per questo solo per un periodo di tempo limitato ho deciso di abbassare ulteriormente la soglia di accesso al mio corso, si hai capito bene!

Anziché il prezzo già Iper-scontato di **~~997 euro~~**, potrai fare tuo **Self Publishing MILLIONAIRE** al ridicolo

prezzo di 497 euro!

Davvero ci stai ancora pensando?

Acquista adesso il Corso e riceverai entro qualche ora i dati di accesso all'area riservata + il personale benvenuto tramite una **chiamata telefonica** direttamente da Roy Consolino in persona.

Per acquistare il corso o richiedere assistenza vai sul sito ufficiale:

www.selfpublishingmillionaire.com

GARANZIA "SODDISFATTO O RIMBORSATO"

E sì caro lettore, hai capito bene…

Arrivati a questo punto avresti dovuto già acquistare "di corsa il mio corso" e scusa per il gioco di parole, ma se ancora non l'hai fatto allora è giunto il momento di darti lo scossone finale…

…se nella tua testolina "balena" ancora qualche piccolo dubbio o insicurezza, allora voglio metterti completamente a tuo agio!

Sono talmente sicuro della qualità di "Self Publishing MILLIONAIRE" che oltre a darti la possibilità di effettuare il pagamento SICURO attraverso Paypal, voglio porgerti il coltello dalla parte del manico, offrendoti la mia Garanzia "SODDISFATTO O RIMBORSATO":

Se dopo aver acquistato "Self Publishing MILLIONAIRE" per qualsiasi ragione non ritieni soddisfacente il contenuto di tutto questo "Malloppone di Roba" (circostanza mai accaduta prima), ti basterà inviarmi una mail e sarai immediatamente rimborsato al 100% "senza ma e senza perché!"

Dopo che effettui l'acquisto hai ben **3 giorni di tempo (72 ore)** per visionare tutto il materiale ed eventualmente richiedere il rimborso.

Ovviamente dal momento in cui sarai rimborsato, perderai immediatamente gli accessi al corso con tutti i rispettivi bonus.

Adesso non hai più scuse, è arrivato seriamente il momento di agire!

Per acquistare il corso o richiedere assistenza vai sul sito ufficiale:

www.selfpublishingmillionaire.com

PS: Ti ricordo che dopo l'acquisto del corso, riceverai entro qualche ora i dati di accesso all'area riservata + il personale benvenuto tramite una **chiamata telefonica** direttamente da parte mia in persona!

Ti aspetto all'interno del corso!

…Ma non è finita qui!

Ecco la **MEGA Sorpresa**, RISERVATA Solo per chi (Proprio come te) ha acquistato il mio Libro "La Bibbia della Ricchezza"

In uno dei capitoli iniziali, ti avevo detto "leggi questo libro fino alle fine e riceverai una Mega Sorpresa a te Riservata".

Benissimo, eccola qui!

Dal momento che hai acquistato il mio libro best seller, ovvero "La Bibbia della Ricchezza", hai diritto a ricevere un **PASS Esclusivo** per accedere Gratuitamente **AL PRIMO** dei 6 moduli di "Self Publishing MILLIONAIRE"

…Sai perché lo faccio?

Perché in questo modo toccherai con mano (ancora più da vicino) l'immenso potenziale di ricchezza che si cela dietro questo business…

…e a quel punto si innescherà dentro di te un desiderio irrefrenabile di voler fare tuo (a tutti i costi) l'intero corso!

A darmi questa certezza non sono le mie convinzioni, bensì i numeri, infatti la stragrande maggioranza di coloro che hanno visionato il modulo 1 di "Self Publishing MILLIONAIRE" hanno poi deciso immediatamente di acquistare l'intero corso!

Ecco le ISTRUZIONI + Codice Segreto per Accedere Gratuitamente al Modulo 1 di "Self Publishing MILLIONAIRE"

Passo 1

Vai su Amazon e lascia una recensione a 5 stelle sul libro che stai leggendo in questo momento (La Bibbia della Ricchezza), questo semplice gesto mi sarà di grande aiuto per tutto il lavoro da me svolto nella creazione di questo libro.

Passo 2

Solo dopo aver lasciato la recensione, vai sulla pagina ufficiale del corso **www.selfpublishingmillionaire.com** e contattami nella chat di assistenza, scrivendo questo semplice messaggio:

Ciao Roy, ecco il codice segreto che ho trovato dentro il tuo libro **212291**

Finito! Come vedi tutto molto semplice…entro qualche ora ti risponderò inviandoti il link e la password per accedere GRATUITAMENTE **AL PRIMO** dei 6 moduli di "Self Publishing MILLIONAIRE"

Solamente dopo esserti gustato queste preziose informazioni, deciderai se acquistare oppure no l'intero corso!

E allora che aspetti?

Tuffati su **www.selfpublishingmillionaire.com** e inizia ADESSO la tua scalata verso un futuro diverso, un futuro di prosperità economica e di successo. Ricordati che ora dipende TUTTO DA TE!

Ecco le 8 domande più frequenti che mi vengono poste e che molto probabilmente ti starai chiedendo anche tu:

1) Quanto tempo ci vuole per guadagnare i primi soldi con il self publishing?

Se segui alla lettera tutto quello che ti insegno all'interno del corso, già dopo 30/35 giorni riuscirai a generare i primi introiti!

Qui sta a te...una volta che impari tutto quello che ti spiego, più libri pubblicherai e più soldi farai!

Io ho impiegato 9 mesi per passare da 0 a 12,000 euro al mese, quindi non vedo perché non dovresti riuscirci anche tu!

2) Roy, io ho già un lavoro e non posso dedicare molto tempo a questo business, è un problema?

Quasi tutti i miei studenti (compreso io) abbiamo iniziato questo business mentre facevamo altri lavori...

...Ovviamente più tempo dedicherai al "self publishing" e più velocemente cresceranno i tuoi guadagni, un paio di ore al giorno (senza nessuna distrazione) sono sufficienti per ottenere degli ottimi risultati.

3) Il Corso verrà costantemente aggiornato? Gli aggiornamenti sono gratis?

Certo, il corso verrà aggiornato ogni volta che ci sarà qualche novità all'interno di questo business. Una volta che acquisti il corso avrai diritto a tutti gli aggiornamenti futuri GRATIS!

4) Quanti soldi mi servono per pubblicare il mio primo libro?

Dipende dalla lunghezza del libro, solitamente il prezzo medio (considerando anche la copertina e tutto il resto dei dettagli che servono) si aggira intorno ai 400 euro.

5) Io non sono bravo a "smanettare" con il PC, è un problema?

Non ha assolutamente importanza, in questo business non serve essere un genio del PC, tutto quello di cui hai bisogno è spiegato passo dopo passo all'interno del corso, senza lasciare nulla al caso!

6) Non conosco bene l'Inglese, è un problema?

No, non è un problema, all'interno del video-corso "Self Publishing MILLIONAIRE" troverai tutto quello che ti serve per superare la mancata conoscenza dell'inglese grazie a dei modelli già pronti (creati direttamente da me).

7) Roy, visto che guadagni così tanti soldi, per quale motivo insegni i segreti di questo business agli altri, invece che tenerli solo per te?

Non voglio essere ipocrita, molti avrebbero risposto in questo modo:

"La mia missione è quella di aiutare le persone"

Smettiamola per favore…

…io lo faccio principalmente per una questione di business, in quanto la formazione è la mia seconda fonte di reddito, ad oggi guadagno oltre 350 mila euro l'anno con il "self publishing" e altri 120 mila euro l'anno con le vendite del mio corso "Self Publishing MILLIONAIRE".

In secondo luogo mi piace insegnare agli altri questo modello di business perché è una grande opportunità per iniziare a fare veramente tanti soldi, senza investire enormi capitali iniziali.

8) Una volta che compro il corso posso vederlo in qualsiasi momento?

Certo che Sì!

Avrai accesso a VITA al video-corso "Self Publishing MILLIONAIRE" e potrai vederlo da qualsiasi dispositivo (smartphone, tablet, PC) e in qualsiasi momento, tutto quello che ti serve è una semplice connessione internet!

La Riflessione Finale Prima di Salutarti:

Vuoi seriamente dare una svolta alla tua vita e guadagnare REALMENTE importi a 6 cifre l'anno?

Se la risposta è Sì…Allora non rimandare più il tuo successo economico!

Adesso è arrivato il momento di AGIRE, vai su **www.selfpublishingmillionaire.com** e richiedi Gratuitamente l'accesso al modulo 1 del corso attraverso il codice segreto riportato in questo libro.

Ci vediamo sul mio sito!

Qualsiasi Persona Ambiziosa nel 2021 dovrebbe Iniziare a Costruire la propria Ricchezza attraverso un Business di Self Publishing, purtroppo solo in pochi hanno Realmente il Coraggio di mettersi in Gioco…

Cit. Roy Consolino